VICTOR STUPAN PONTRESINA

SCHWEIZER HEIMATBÜCHER 116

Bündner Reihe, elfter Band

Herausgegeben in Verbindung mit der Bündnerischen Vereinigung für Heimatschutz

PONTRESINA

VICTOR STUPAN

VERLAG PAUL HAUPT BERN

Die photographischen Aufnahmen stammen von Foto
Feuerstein, Scuol (28, 32); Foto Flury, Pontresina (1, 2, 3, 4,
5, 6, 7, 8, 9, 10, 13, 14, 18, 20, 21); L. Gensetter, Davos (30);
F. Gruber, Pontresina (19); G. Reinhardt, Chur (23, 25);
Foto Schocher, Pontresina (11, 12, 15, 17, 22, 24, 29);
H. Steiner, St. Moritz (31); R. Wiesner, Pontresina (16).

Das Kapitel «Etwas Geologie» verdanken wir Dr. Peter
Bearth, Basel.

CIP-Kurztitelaufnahme der Deutschen Bibliothek
Stupan, Victor: Pontresina / Victor Stupan – Bern: Haupt,
1979. (Schweizer Heimatbücher: 116: Bündner Reihe;
Bd. 11) ISBN 3-258-02852-7

Inhaltsverzeichnis

Ortsnamen, deren Bedeutung und Herkunft

Den Dorfnamen selber – *Pontresina, Puntraschigna* – nach Bedeutung und Herkunft zu bestimmen, hat seine Tücken und ist, mangels sicherer Quellen, nicht eindeutig festzusetzen.

Durich Chiampell, der grosse Bündner Historiker, meint 1572 in seiner Topographie: Dieses Dorf wird von den Romanen Puntraschigna genannt, ins Lateinische übersetzt «Pons resinus», was wiederum romanisch bedeutet: «Punt raschusa» (punt da la rescha, Brücke des Harzes).

Einer persönlichen Mitteilung aus Pontresina entnehme ich, dass der Wald in der Nähe der Punt Ota früher «God Reschina» geheissen habe, dass dort Harz gewonnen wurde, das zur Abdichtung der Schiffe nach Venedig ausgeführt worden sei.

Die Bezeichnung «God Reschina» ist indessen weder auf den topographischen Karten noch in den Dokumenten des Gemeindearchivs Pontresina verzeichnet. Dass Harz nach Venedig ausgeführt wurde, ist sicher möglich, obwohl dokumentarisch nicht belegt. Zudem hat die Dogenstadt ihre grosse Flotte für den Krieg gegen Byzanz erst 1177 gebaut, der Name Pontresina ist aber älter, wie wir später sehen werden. Aus den angeführten Gründen geht es nicht an, den Dorfnamen von «God Reschina» (Harzwald) und «Punt Reschina» (Harzbrücke) abzuleiten.

Ein weiterer Versuch, den Namen zu deuten, geht vom «Spaniolaturm» aus, einer im Grundriss fünfeckigen Turmruine in der Nähe des Kirchleins Santa Maria. Schon über die fünfte Ecke hat man gerätselt. Sie weist indessen genau hangwärts und dürfte den Zweck erfüllt haben, niedergehende Lawinen zu teilen. Der steile Hang könnte damals unbewaldet gewesen sein.

Die Namengebung und somit auch den Bau des Turmes hat man den Sarazenen zugemutet, die, von Spanien kommend, 936 die Alpen überquerten und das Bistum Chur plünderten. Sicher ist, dass Otto der Grosse 940 dem Bischof Waldo I. von Chur die Kirchen in Bludenz und St. Martin in Andeer schenkte, weil das Bistum von den Sarazenen geplündert wurde. 955 schenkte er aus dem gleichen Grunde dem Bischof Hartbert einen Hof in Zizers. Offen bleibt hingegen die Frage, ob die Sarazenen je im Engadin waren. Trotzdem ist es einem phantasiereichen, deutschen Professor gelungen, die Gourmandise der Engadiner, ihre eigenartige Sprache (das Romanische), die Wurzel vieler Lokalnamen und den Namen «Saratz» auf die Anwesenheit der Sarazener zurückzuführen. Traugott Schiess meint, die Etymologien des deutschen Professors aus dem Hebräischen und Arabischen seien lächerlich und könnten höchstens ein schlechter Witz für eine Abendunterhaltung eines kulturhistorischen Vereins sein. Aber auch Erwin Poeschel meint in seinem Burgenbuch: «Es geht nicht an, die Erbauung des Turmes den Sarazenen zuzuschreiben. Der Bau unterscheidet sich in nichts von einem Wohnturm des 12. oder 13. Jahrhunderts.»

Zudem wird der Name «Spaniolaturm» weder von Campell noch von Sprecher noch von Sererhard erwähnt und dürfte somit späteren Datums sein. Der Turm selber mag im späten Mittelalter einer adeligen Pontresiner Familie (vielleicht den Saratz) als Wohnsitz gedient haben. Der Personenname «Saratz» ist in verschiedenen Formen verhältnismässig früh bezeugt: 1203 Petrinus Saracenus in Chiavenna, 1239 Saracinus servus im Unterengadin, 1356 Saracinus in Chamues-ch, 1375 Jacobus Saraschin von Chamues-ch usw.

Die ältesten Urkunden für den Dorfnamen lauten: 1137 ad Pontem Sarasinam, 1303 de Ponte Sarracino, 1325 Puntrischin, 1552 Pontresina. Auch Andrea Schorta, im Rätischen Namenbuch II, verweist «Pontresina» ins

Kapitel Fragliches, glaubt aber doch, der unbekannte Erbauer der Brücke könnte Saraschin geheissen haben. Davon also: Punt Saraschina, dann durch Wegfall einzelner Laute Puntraschina oder Pontresina. Diese Annahme wird durch eine Parallele erhärtet: Die Tardisbrücke bei Landquart wurde von einem Medardus erbaut, also: Medardus Brücke – Tardisbrücke.

Bellavita: so hiessen die Wiesen, bevor der mittlere Dorfteil entstand. Bel in der bäuerlichen Sprache bedeutet: gut zu bewirtschaften.

Bernina: ursprünglich nur für Bernina Suot bezeugt. Vermutlich auf einen Personennamen zurückgehend (Bernin, Bernini).

Blais: vorrömisch, steile Grashalde.

Boval: lat. bovem, romanisch bouv (Ochse). Eine Alp, die früher mit Ochsen bestossen wurde.

Coazhütte: nach dem Oberforstmeister Johann Coaz benannt, dem Erstbesteiger des Piz Bernina.

Clavadels: lat. tabulatum, davon ladinisch tablà, surselvisch clavau (Scheune, Heustall).

Corvatsch: corvus, corv (Rabe), mit der vergrössernden Endung -atsch.

Giarsun: 1694 urkundlich belegt in «dadains giarsun». Der Name kommt häufig vor, im Engadin wie im Venetischen, ist aber nicht gedeutet.

God da Rusellas: vielleicht Wald der Rosen, der Alpenrosen, auch Blais d'Arusaidas.

Laret: aus lat. «larictum» (Lärchwald), «larix» (Lärche).

Languard: Herkunft unbekannt.

Morteratsch: Morter besonders im Engadin sehr häufig als Bezeichnung für hochgelegene Alpweiden. Die Endung -atsch bedeutet eine Vergrösserung. Morteratsch also: grosse Alpweide.

Mulins (auch Promulins): Mühle, Dorfmühle. (Mulin vegl, heute Haus Tschander.)

Muragls: möglicherweise von lat. «mora» (Steinhaufen), morale, romanisch müraglia (Gemäuer).

Pros da God: Waldwiesen.

Rosatsch: siehe Roseg.

Roseg: älteste Urkunde 1320, «aqua de Rosagio», vorrömisch, bedeutet Gletscher, Wildbach, Erdrutsch.

San Spiert: die um 1490 erbaute Kapelle «Sench Spiert» (Heiliggeist) gab dem Dorfteil den Namen.

Tais: Bannwald, von der Gemeinatzung ausgeschlossen, mittellat. tensare, rechtlich schützen.

Tschierva: bedeutet Hirschkuh. Vielleicht auf uralten religiösen Vorstellungen beruhend. In den Bergwildnissen hauste die dämonische Hirschkuh.

Val dal Fain: Heutal.

Val Minor: häufig als Tal des Bergbaus bezeichnet (rom. minieras), wo bereits im 12. Jh. Silber gegraben wurde. Schorta (RN II) leitet den Namen vom lat. minor, kleiner, geringer ab, also das kleinere Tal.

1 Pontresina mit Bernina-Gruppe.

Geschichte

Die Geschichte der Oberengadiner Gemeinden ist bis 1538 sehr eng mit derjenigen des «Cumoen Grand», der ganzen Talschaft zwischen Punt Ota und Maloja verbunden. Seither sind dem Dorf als Nachbarschaft gewisse selbständige Charakterzüge eigen.

Urkundlich wird Pontresina zum erstenmal 1137/39 anlässlich des Verkaufs, resp. der Schenkung der Grafen von Gamertingen an den Bischof von Chur erwähnt. Drei Dokumente zeugen davon, zwei Verkäufe der meisten Oberengadiner Gemeinden an den Bischof von Chur, ein drittes, welches verfügt, dass das Gebiet «ad Pontem Sarassinam» (Pontresina) von den Grafen von Gamertingen zu ihrem Seelenheil der bischöflichen Kirche in Chur geschenkt wird.

Der Ursprung der Gamertinger Besitzungen im Oberengadin bleibt uns verborgen. Sicher ist, dass Schenkung und Verkauf nur den Grundbesitz, nicht aber die Hohheitsrechte des Tales betrafen. Es ist anzunehmen, dass der Bischof schon früher politische Rechte und Privatbesitz im Tale besass.

Bis 1244, also während eines ganzen Jahrhunderts, hatten die Herren von «Ponte Saraceno» (Pontresina) das Beneficium Cancellari im Oberengadin inne. Ihnen war nicht nur das Urkundenwesen unterstellt, darüber hinaus hatten sie die Rechte der bischöflichen Grafschaft ob Puntalt zu wahren und zu verhindern, dass Güter an Fremde veräussert wurden.

1244 verlor Tobias de Pont Zarizino durch eigene Schuld (culpis suis) das Kanzleramt, das vom Bischof den Plantas von Zuoz übertragen wurde. Diese Verfügung muss indessen entweder nicht rechtskräftig geworden oder rückgängig gemacht worden sein; denn im Jahre 1294 verpfändeten Kaspar und Remedius von Pontresina dieses bischöfliche Lehen an Andreas Planta von Zuoz.

Das Geschlecht der «Saratz» ist das älteste für Pontresina bezeugte, das sich trotz der begangenen Freveltat bis auf den heutigen Tag im Dorf erhalten konnte. Ein «de Saracino» war vermutlich der Erbauer der ersten Punt Ota (siehe Kapitel: Die Ortsnamen, ihre Bedeutung und Herkunft). Die «de Saracino» sind wahrscheinlich viel älter als die ersten Dokumente über das Dorf und gehörten bereits zum römischen Adel. Möglicherweise haben sie im Spätmittelalter als Adelige im Spaniolaturm gehaust.

Von 1294/95 an waren die Plantas die mächtigsten Herren im Oberengadin. Sie verfügten nicht nur über das Kanzleramt, sondern waren Inhaber verschiedener bischöflicher Rechte, so des Bergregals, welches allerdings nur durch eine im 15. Jahrhundert gefälschte Urkunde bezeugt ist.

Ob der Prozess zwischen dem Bischof und der Familie Planta um die Silberbergwerke am Piz Bernina (Val Minor) im Jahre 1460 auf jenes gefälschte Dokument zurückzuführen ist, weiss man nicht. Er vermochte die Position der Plantas keineswegs zu erschüttern, mag aber doch an ihren Sesseln ein wenig gerüttelt haben.

Gestützt auf eine königliche Verfügung hatte Bischof Lienhard der Nachbarschaft Pontresina das Recht verliehen, am Piz Bernina Silber zu graben. Die Plantas behaupteten, nach altverbrieften Rechten Inhaber des Bergregals für das ganze Engadin zu sein. Bischof Lienhard starb, bevor der Prozess zu Ende

2 Pontresina mit Val Roseg. Im Hintergrund die Sella-Gruppe.

ging, und gegen seinen Nachfolger, den Bischof Ortlieb von Brandis, vermochten die Plantas nicht durchzudringen. Sie erhielten nicht recht.

Im 15. Jahrhundert muss der Bergbau im Engadin von Bedeutung gewesen sein, und die Zuozer Plantas waren vermutlich durch das Bergregal reich geworden. In den Verträgen über Bergwerke wird der Lokalname «Val Minor» nie erwähnt. Immer ist nur die Rede von Silbergruben am Bernina, einmal sogar von einer Grube auf freiem Feld, obwohl der Lokalname «Minor» bereits 1429 belegt ist. Vermutlich ist schon sehr früh am Piz Bernina Silber gegraben worden. Um 1500, kurz nach dem Bischof/Planta-Prozess, ist die Ausbeutung eingestellt worden.

Zu dieser Zeit, um die Wende des 15./16. Jahrhunderts, bestand im Oberengadin noch der «Cumoen Grand» zu Recht, eine wirtschaftliche und politische Gemeinschaft des ganzen Oberengadins. Das bedeutet nicht, dass es keinen *Privatbesitz* gab. Die meisten Alpen, die Wälder, das Weideland wurden gemeinsam bewirtschaftet, der Talboden, d. h. Wiesen und Äcker waren schon sehr früh Privatbesitz oder Besitz der einzelnen Nachbarschaften. Je länger desto mehr machten sich Strömungen bemerkbar, die nach der Auflösung des «Cumoen Grand» zielten. Infolge der unaufhörlichen Fehden der Feudalherren und der schlechten Bewirtschaftung der ihnen anvertrauten Güter, ganz besonders aber durch das erwachende Selbstbewusstsein der Bauernschaft am Anfang des 14. Jahrhunderts, hatten sich beim Feudalismus Zerfallserscheinungen eingeschlichen.

Im Oberengadin hatten sich während des 15. Jahrhunderts die Gemeinden zu selbstbewussten Körperschaften entwickelt. Während die Gründung des Gotteshausbundes (1367) als Schutz gegen österreichische An-

sprüche gedacht war, ging die Freiheitsbewegung im Oberengadin an der Schwelle zwischen Mittelalter und Neuzeit darauf aus, dem Bischof seine Rechte zu schmälern, die Plantas teilweise oder ganz zu entmachten, aber auch den «Cumoen Grand» zugunsten der einzelnen Nachbarschaften aufzulösen und damit die Vorherrschaft des Hauptortes Zuoz, später auch Samedan, zu brechen. Während mehr als zwei Jahrhunderten hatten die Plantas ununterbrochen den Kanzler des Oberengadins, den Mastral, gestellt, 1490 zeichnet zum ersten Mal ein «Stampa» als Landammann. Der allgemeine Befreiungsprozess dauerte länger, als man es allgemein annimmt, wurde aber auf der Basis des geltenden Rechts und guter nachbarlicher Beziehungen ausgetragen.

In diese Zeit fällt auch die grosse eidgenössisch-bündnerische Auseinandersetzung mit dem Kaiser, der Schwabenkrieg (Schlacht an der Calven, Mai 1499). Für das Oberengadin besonders schwer wog der abenteuerliche Einfall der Kaiserlichen unter dem Grafen Hans von Sonnenberg (Münstertal–Val Mora–San Giaccomo di Fraele–Alpisella–Livigno–Chaschauna–S-chanf).

Die Engadiner führten den Krieg der verbrannten Erde, so dass die Kaiserlichen ein vollständig verwüstetes Tal vorfanden und den Rückzug über den Ofenpass antreten mussten.

Die politischen Verhältnisse der Markgenossen im Oberengadin bis zur Teilung des Cumoen Grand waren wie fast überall sehr

3 Dorfpartie, frischverschneit, im leuchtenden Sonnenschein. Im Mittelgrund «Il God da Staz», im Hintergrund von links nach rechts Piz Güglia, Piz Nair, Piz Saluver.

bunt. Es gab Adelige, freie Bürger und unfreie Colonen in den Meierhöfen bischöflicher Güter. Der Bischof war weltlicher und kirchlicher Beherrscher des Landes, und je länger desto mehr empfand man die von ihm auferlegten Lasten als untragbar.

1462 wurde der «Fünfsieglerbrief» verfasst, die erste Ordnung für das Oberengadin, die Front gegen den bischöflichen Hof machte, obwohl die bischöflichen Rechte nicht angetastet werden sollten. Der Fünfsieglerbrief war aber auch infolge der Rivalitäten zwischen den einzelnen Gemeinden entstanden, besonders als Abwehr gegen die Vorherrschaft von Zuoz und Samedan. Sonderbarerweise traten die Plantas für den Brief ein, obwohl gerade an ihren Rechten gerüttelt wurde.

Dem Streben der Loslösung von den feudalen Bindungen und Lasten kam die *Reformation* zu Hilfe. Freiheit des Christenmenschen hatte sie laut verkündet. Die Ilanzer Artikel von 1524/26 hatten die Herrschaft des Bischofs, der geistlicher und weltlicher Herr zugleich war, gebrochen. Das Reformationsgespräch in Susch (1537) hatte den Boden für den Übertritt zur Neuen Lehre geackert. Den Gemeinden war das Recht zugebilligt worden, ihre Priester nach freier Wahl zu bestellen. Also Gemeindeautonomie in religiösen Belangen! Warum nicht auch wirtschaftlich und politisch?

So kam es 1538 zur Teilung des Cumoen Grand in Sur und Suot Funtauna Merla und zur Zuteilung der bis jetzt genossenschaftlich bewirtschafteten Güter an die Gemeinden.

Das Gerichtswesen blieb weiterhin in den Händen der Talschaft, obwohl die Nachbarschaften für gewisse interne Belange selber zuständig waren. Dass die Gemeinden, in unserem Fall die Gemeinde Pontresina, zu mündigen Körperschaften herangereift waren, beweisen die Dorfstatuten «Aschantamaints in adoever dell'honorata vschinauncha da Pontresina», die 1557 und 1587 Stück um Stück verfasst wurden und von einer grossen Verantwortung, von einem tiefen Rechtsgefühl und religiös-ethischem Ernst zeugen. Diese Statuten sind immer wieder ergänzt oder neu aufgelegt worden und haben das Zusammenleben der Dorfbewohner bis zur Gründung des Bundesstaates massgebend bestimmt.

4 Chesa Thom in Giarsun. Schönes Engadinerhaus mit der eigenwilligen Vorderfassade. Typisch für die Architektur der alten Engadiner, die ihre Häuser längs der Strasse bauten.

Kirchliches

Die drei Hauptkirchen des Oberengadins waren ursprünglich: St. Luzius in Zuoz, St. Peder in Samedan und St. Maurizius in St. Moritz. Schon vor der Reformation, spätestens anlässlich der Abfassung der Ilanzer Artikel (1524/26), wodurch die bischöfliche kirchliche Macht in Rätien endgültig gebrochen wurde, lösten sich die Dorfkirchen von den Talkirchen. Pontresina bildete bereits 1520 eine eigene Kaplanei mit zwei Priestern und mindestens vier Kirchen oder Kapellen: Santa Maria, San Niculò und San Spiert, eine Kapelle im «Chiantun da Bernina» (Bernina suot).

Von einer fünften Kapelle in «Pro San Peider» weiss nur die Überlieferung zu berichten, urkundlich belegt ist sie nirgends, sogar der Lokalname – es handelte sich um eine Wiese oberhalb Punt Muragl – ist verschwunden. Dass dort einmal eine Siedlung bestanden hat, bezeugen verschiedene Personennamen, die Einwohner von «Pro San Peider» bezeichnen.

Die Kapelle im Chiantun da Bernina

Auch sie ist vollständig verschwunden. Sie muss um 1519 erbaut worden sein und wird in einem einzigen Dokument erwähnt (Registrum Librorum horarum des bischöflichen Archivs in Chur).

«Thomas Mauricii von Pontraschina schuldet zwei rheinische Gulden für die Erlaubnis zur Erbauung einer Kapelle und eines Hospizes auf dem Berg Parnino» (Bernina).

Die Heiliggeist-Kapelle (San Spiert)

Sie ist eine Stiftung des Johannes Maurizius Tempesta, Sohn des Andriola, der im Jahre 1485 aus eigenem Vermögen zu Pontresina im Engadin eine Kapelle zur Anbetung des Heiligen Geistes mit bischöflicher Erlaubnis erbauen liess (siehe Bilder und Legenden 17 und 24).

Sie muss von kurzer Dauer gewesen und rasch in Vergessenheit geraten sein. Geblieben ist indessen der Lokalname des Dorfteiles «San Spiert». 1941 fand Architekt Kober in den Kellerräumen des Hauses Aebli, Ecke Via Maistra/San Spiert, Überreste einer ehemaligen Kapelle. Erhalten hatte sich das Schiff, während der ehemalige Chor nicht mehr vorhanden war. Eine Freske konnte gerettet und ins Stiegenhaus verpflanzt werden.

Die Kirche San Niculò befindet sich an der Via Maistra im Dorfteil Laret und dient heute dem regulären Gottesdienst der reformierten Kirchgemeinde. Sie wurde in der heutigen Form 1640 erbaut, muss aber, da sie ein Patrozinium hat (dem San Niculò geweiht), vorreformatorisch sein, vermutlich als Kapelle.

Im Jahre 1720, anlässlich des Dorfbrandes in Laret, wurde sie teilweise ein Opfer der Flammen. Damals sind leider auch viele Gemeindedokumente verbrannt, wodurch das Archiv verhältnismässig arm an Dokumenten wurde. Kirche und Turm entsprechen im allgemeinen der Bauweise des Gotteshauses in Celerina. Den achteckigen Aufsatz des Turmes krönt eine zwiebelförmige Haube aus dem Jahre 1720, also unmittelbar nach dem Dorfbrand.

Stiche aus dem letzten Jahrhundert bezeugen eindeutig, dass der Turm vorne, direkt an der «Via Maistra» stand (siehe Bild 26), die in die Turmfahne eingravierte Jahreszahl 1887 nennt uns das Datum der Versetzung des Turmes. Über den Grund dieser nicht ohne weiteres verständlichen Turmversetzung weiss die Überlieferung Unsicheres zu berichten, die Dokumente schweigen sich darüber aus. Sicher ist hingegen, dass die alte Zwiebelhaube von 1720 dem neuen Turm wieder aufgesetzt wurde. Die letzten zwei Renovationen an der Kirche San Niculò wurden 1958/59 und 1976 vorgenommen. Damals wurde die Orgel vom Chor auf die Empore verlegt, was ästhetisch der Kirche zum Vorteil gereicht und sie geräumiger macht.

Die Kirche Santa Maria

Pontresina durfte im Juni 1977 ein erfreuliches Doppelfest feiern: Die Val Roseg wurde zur Landschaftsschutzzone erklärt und die vollständig freigelegten Malereien des Kirchleins Santa Maria konnten eingeweiht werden. Es handelt sich vermutlich um das älteste und sicher um das schmuckste Gotteshaus Pontresinas und – ich übertreibe nicht, wenn ich sage – um eine der kostbarsten sakralen Bauten des Kantons Graubünden, gibt es doch kaum eine zweite Kirche, deren Wände so vollständig ausgemalt sind wie Santa Maria in Pontresina. Ebenso vollständig waren die Fresken – vermutlich im Bildersturm der Reformation – aber auch zugedeckt worden.

Schon 1913 wurden die Malereien der Apsis von Christian Schmidt, Zürich, restauriert. Ihm folgte der Brüsseler Charles Lefébure, der das Werk in einer minuziösen Riesenarbeit fortführte. Beide mussten mit den damals eher primitiven Mitteln arbeiten, so dass einzelne Fresken darunter gelitten haben. Vollendet wurde das Werk durch Oskar Emmenegger.

Urkundlich erwähnt wird die Kirche zum erstenmal am 20. April 1450, und zwar mit dem Patrozinium «Santa Maria», das aber bereits 1522 endgültig oder vorübergehend in «Maria Magdalena» verändert wird.

Die Art der Fresken lässt vermuten, dass sich jener Wechsel schon vor 1500 vollzog. Die romanische Anlage der Kirche, deren Schiff mit einer spätgotischen Flachdecke versehen und deren Apsis gewölbt und im Grundriss halbkreisförmig ist, lässt leicht erkennen, dass der heutige Bau die Fortsetzung eines älteren darstellt. An der Ostkante der Decke ist die Aufschrift angebracht: I(n) nomine domini amen 1497.

Die Westwand mit den abgedeckten byzantinischen Malereien zeigt deutlich an, dass die Vorgängerin der heutigen Kirche etwa zwei Meter niedriger war. Der Turm stand damals ausserhalb des Gotteshauses, an die Mauer gelehnt. Die Formen des Turmes passen, nach Erwin Poeschel, ins späte 12. Jahrhundert. Ob das Schiff noch älter war, weiss man nicht. Der heutige Bau muss als nachromanisch bezeichnet werden, dürfte um 1300 oder später entstanden sein. 1497 wurde die Kirche vermutlich erhöht und die neue Decke eingezogen. Besonders wertvoll an der Kirche Santa Maria sind ihre Wandmalereien. Für die vorzügliche Freilegung und Wiederherstellung der kostbaren Fresken gebührt den Künstlern und der Gemeinde Pontresina herzlicher Dank.

Aussen: Am Torbogen, am Eingang zum Friedhof, steht die Jahreszahl 1477. Über der spitzbogigen Kirchentüre: Maria mit dem Christuskind, links Petrus, rechts ein heiliger Bischof. Darüber der heilige Georg, der den Drachen tötet. Beide Fresken sind um 1495 entstanden.

Innen: Der Innenraum überrascht den Besucher durch den Reichtum der Ausmalung aus zwei verschiedenen Epochen. Den unteren Teil *der Westwand* nimmt der Rest eines spätromanischen Zyklus ein, den man sich an den Wänden des Schiffs der Vorgängerkirche fortgesetzt denken muss. Drei Bilder konnten freigelegt werden, die Poeschel der byzantinischen Nachblüte zuschreibt (also um 1230 entstanden). Auffallend ist die grosse Ähnlichkeit mit den spätromanischen Wandmalereien der Maria Trost-Kirche bei Meran.

Epiphanie : Das Bild der Maria, die das Kind (als kleiner Erwachsener dargestellt) auf den Knien hält, ist leider weitgehend zerstört. Christus selber blickt auf die drei Weisen zu seiner Rechten, die noch Mützen und nicht Kronen tragen. Die Wandlung zu den Königen hat sich noch nicht vollzogen. Der älteste der Weisen kniet vor dem Kind, die andern stehen daneben, einer weist mit der Hand auf den Stern, dem sie gefolgt sind.

Taufe Christi : Christus steht nackt im Jordan, während ihm Johannes der Täufer, mit einem zottigen Fellüberwurf gekleidet, die Stirne salbt. Links im Bild zwei Engel, die Christi Kleid bereithalten.

Fusswaschung und Abendmahl, beides im Abendmahlsaal synoptisch zusammengefasst: Links auf dem Bilde ist Christus dargestellt, der Petrus die Füsse wäscht. Ein zweiter Christus sitzt frontal in der Mitte, die Apostel zu beiden Seiten gruppiert. Der Herr reicht Judas, der als einziger auf der anderen Seite des Tisches sitzt, den ersten Bissen.

Die Malereien von 1495 : Kurz nach der Kirchenvergrösserung wurden deren Wände vollständig neu übermalt, so dass die spätromanischen Malereien an der Westwand unter Putz kamen. Dominiert wird das ganze durch die grossfigurige Ausmalung der Apsis.

In der Mitte thront der Heiland, umgeben von den Symbolen der Evangelisten. Rechts und links, an Lesepulten sitzend, die vier abendländischen Kirchenväter, darunter die zwölf Apostel. Ein neutestamentlicher Zyklus, das Leben Christi von der Verkündigung bis Pfingsten darstellend, beginnt an der rechten Chorbogenwand oben und umschreitet den ganzen Raum. In zwei Streifen an den unteren Partien der Westwand wird die Legende der heiligen Maria Magdalena geschildert. Die

Sünderin (Lukas 7, 36 ff.), die Christus begegnet, ist in der Bibel nicht namentlich erwähnt, wird aber von der mittelalterlichen Kunst stets mit Maria Magdalena identifiziert. (Genaueres über die Fresken von Santa Maria und über die Legende der Maria Magdalena in: E. Poeschel, Kunstdenkmäler des Kantons Graubünden, Bd. III, S. 367, oder in: Schweizer Kunstführer, Santa Maria in Pontresina, von Markus Bamert/Oskar Emmenegger.)

Katholisches Werden und Sein nach der Reformation

Der wachsende Kurort anfangs dieses Jahrhunderts rief immer dringender nach einer ständigen Kultstätte auch für die katholischen Einwohner und Feriengäste. Der vom Diözesankultusverein käuflich erworbene Bau «Tais», Restaurant und Casinosaal, konnte in den zwanziger Jahren so umgestaltet werden, dass daraus endlich eine bescheidene, neue Heiliggeist-Kirche mit Turm und Pfarrhaus entstand. Der Eröffnungsgottesdienst fand am 15. Juli 1923 statt. Infolge der nach dem Zweiten Weltkrieg rasch zunehmenden Zahl der Sommer- und Wintergäste musste die katholische Kirchgemeinde an eine Erweiterung des Kirchenraumes herantreten. Die feierliche Einweihung der Neugestaltung erfolgte durch Diözesanbischof Dr. Christianus Caminada am Andreastag, am 30. November 1956. Ein Jahr darauf konnten die Schulkinder drei neue Glocken in die Turmstube hinaufziehen. Die Orgel stammt aus dem Jahr 1973.

5 Engadinerhäuser in Giarsun. Wiederum die eigenwillige, «abgewinkelte» Vorderfassade, die längs der beiden Strassen erstellt wurde.

Kirchengeschichtliches

Vom vorreformatorischen Kirchenleben wissen wir, dass die Dorfkirchen zu einer Mutterkirche gehörten, Pontresina zu Samedan. Getauft wurde nur in der Mutterkirche. Dafür hatten die Dorfkirchen Beiträge an die Mutterkirche zu leisten. Die Messe wurde vom Leutpriester in den Gemeinden gelesen. Um 1500 begannen sich diese Bindungen zu lockern und wurden mit den Ilanzer Artikeln (1524/26) gänzlich gelöst. Damit war der Boden für die Reformation geackert. Pontresina trat 1549 als erste Engadiner Gemeinde zur Neuen Lehre über. Aus jener Zeit stammt der Übername der Pontresiner «ils pietigots». Es muss im Oktober 1549 gewesen sein, der Dorfpriester war gerade gestorben: Am gleichen Abend kehrte ein Fremder, der über den Bernina gekommen war, im Wirtshaus zu Pontresina, im heutigen Hotel Steinbock, ein. Er fand die Männer in eifriger Diskussion über die Wahl des neuen Priesters vor. Er mischte sich in ihr Gespräch ein und bat, am nächsten Sonntag in der Kirche predigen zu dürfen. Seine Worte schlugen bei der Bevölkerung ein ... es folgte eine zweite, eine dritte Predigt, und schon waren die Pontresiner bereit, die Messe abzuschaffen, die Heiligenbilder aus der Kirche zu entfernen, die Neue Lehre einzuführen. Nachdem man entschieden hatte, die Heiligenbilder nicht zu verkaufen, wurden sie – so berichtet die Überlieferung – mit einem «B'hüet i Gott» über die hohe Brücke in die «Ova da Bernina» geworfen.

Diese rasche Wendung hin zur Reformation, wenn sie sich wirklich so vollzogen hat, ist nur möglich, weil der geistige Boden dafür gehörig gepflügt war.

Jener Fremdling, Pontresinas Reformator, war Peter Paul Vergerius, Bischof von Capodistria. Zunächst ein eifriger Gegner der Reformation, lernte er Luthers Schriften kennen, bekehrte sich zur Neuen Lehre und musste auf Druck des Papstes Italien verlassen. Er muss ein unsteter Geist gewesen sein, hat auch im Bergell und im Oberengadin die Reformation gepredigt, aber in keiner Gemeinde Sitzleder gehabt. Unter anderem hat er auch mit Heinrich Bullinger korrespondiert.

Nach der Reformation waren die politische und die evangelische Gemeinde jahrhundertelang identisch. Die Besoldung der Pfarrherren war gering und bestand fast nur aus Naturalien. Dafür war die Kirchenzucht um so strenger und fand ihren Niederschlag in den «Aschantamaints» (Dorfstatuten der Gemeinde). Wer nicht rechtzeitig zum Gottesdienst erschien oder vorzeitig die Kirche verliess, wurde gebüsst. Für Ruhe und Ordnung in der Kirche sorgten bestimmte Aufseher, die in der vordersten Reihe auf der Empore Platz zu nehmen hatten.

6 Via maistra in San Spiert.

Land-, Alp- und Waldwirtschaft

Das Oberengadin bildete bis 1538 eine wirtschaftliche Einheit, «il Cumoen Grand» und muss zunächst kurz aus diesem Gesichtswinkel betrachtet werden. Das Tal war im Mittelalter dünn bevölkert, Pontresina mag etwa 100-200 Einwohner gezählt haben. Die wirtschaftliche Einheit ist aber nicht so zu verstehen, als ob es gar keinen Privatbesitz gegeben hätte. Sogar Alpen, wie wir unten sehen werden, befanden sich in Privatbesitz. Gemeinsam bewirtschaftet wurden Wälder und Weiden und ein Teil der Alpen, während das Kulturland in der Talsohle schon sehr früh Eigentum Einzelner oder der Nachbarschaften war. Die im Lande verbliebenen Einwohner (die Auswanderung war schon früh in Mode und wahrscheinlich auch notwendig) widmeten sich der Landwirtschaft und waren Selbstversorger. Nur das Allernotwendigste wurde eingeführt, wie Salz und Wein. Getreide musste im Tal selber angepflanzt werden, umsomehr als dessen Einfuhr von den benachbarten Talschaften oft verboten wurde. Sogar das Unterengadin hat gelegentlich die Getreidelieferungen nach dem Oberengandin untersagt.

Mindestens zwei *Mühlen* besass Pontresina, um das dort angebaute Korn zu mahlen. Und es wurde nicht nur Gerste, sondern auch Roggen angepflanzt. Die Lokalnamen: Promulins, Mulins, Vegl mulin (heute Haus Tschander) zeugen davon. Sogar in der Nähe von Bernina suot gab es eine Mühle, deren Besitzer ein «Bia» war.

Für den Getreideanbau eigneten sich besonders gut die sonnigen Terrassen oberhalb des Dorfes. Die Dorfstatuten, «ils aschantamaints da Puntraschigna», von 1557 bis 1833 immer wieder erneuert oder neu aufgelegt, wissen zu berichten, dass die Kühe, wenn sie im Herbst von der Alp kommen, noch gehütet werden müssen, damit sie in den Roggenäckern keinen Schaden anrichten. Oder sie verbieten das Betreten der Roggenäcker von Santa Maria im Monat September. Die Äcker sollen jedes Jahr, die Wiesen jedes zweite Jahr gedüngt werden. Strenge Vorschriften, die sich unsere heutigen Landwirte kaum gefallen liessen! Die Kornabgaben an den Bischof waren im Mittelalter erheblich.

Der wichtigste landwirtschaftliche Zweig war aber zweifellos die Viehzucht, im Frühmittelalter die Schafzucht. Schafe sind genügsame Tiere, die auch die steilsten Hänge abweiden konnten. Sie lieferten Fleisch und Wolle, die im Lande verarbeitet wurde, vielleicht auch Milch. Der Lokalname «Munt da la Bes-cha» kommt vor in: Madulain, La Punt, Bever, Samedan, Pontresina, Celerina und spricht eine deutliche Sprache.

Zunächst interessiert uns die Frage, wie die Gemeinde Bondo im Bergell in den Besitz einer Alp am Berninapass kam, einer Alp, die geographisch zu Pontresina gehört. Die Sage berichtet von einer reichen Pontresiner Frau, die den Bondaskern die Alp um ein Säcklein Kastanien veräusserte. Dem ist nicht ganz so. 1429 verkaufte Alycthuus, Sohn des Giovanni de Algzathe, seine Alpen am Berninapass einigen Bürgern von Bondo, u. a. auch eine Alp, die an Giorgio detto Crapp di Samedan zum jährlichen Zins von «4 lire imperiali e due staia di nocciole» (Nuspignas, Zirbelnüsse) verpachtet war, wie der lateinisch verfasste Vertrag in Poschiavo, eine italienische Übersetzung in Bondo und eine deutsche Übersetzung im Gemeindearchiv Pontresina be-

7 Chesa Grass in Laret, Sitz des Museums Alpin, das repräsentativ für Geschichte und Volkskunde, für Tourismus und Sport, für Flora und Fauna ist.

sagen. Ob die Überlieferung aus zwei Säcken «Nuspignas» einen Sack Kastanien gemacht hat?

Befremdend ist es auch, dass die Alpen in der Val Roseg zur Gemeinde Samedan gehören. Die Grenze zwischen den beiden Gemeinden verläuft bei der «Acla Colani» quer durchs Tal. Darüber berichtet ein Tauschvertrag im Gemeindearchiv Samedan:

Am 26. Juni 1457 tauscht die Nachbarschaft Samedan mit Jacobus genannt Argögna, Sohn des Johannes Crappün von Samedan eine ihr gehörige Wiese in «issla longa» gegen dessen Wiese in «Val Rosayg» jenseits des Wassers samt daraufstehender Alp.

Dass eine Wiese, Kulturland, in Weideland zurückgeführt wird, erstaunt uns zunächst, bildet aber keinen Einzelfall. 1586 und 1598 (Gemeindearchiv Pontresina) werden der «Cumpagnia d'Alp nova d'Chalchagn» in der Nähe von Morteratsch aus Privatbesitz Wiesen verkauft. Wir gehen wohl nicht fehl, wenn wir annehmen, dass die Erschliessung von Berggebieten zu Kulturland anfangs des 15. Jahrhunderts ihren Höhepunkt überschritten, ja bereits den rückläufigen Weg eingeschlagen hatte.

Durch die Teilung des «Cumoen Grand» 1538 konnte die Bewirtschaftung der Gemeindealpen verbessert werden. Spätestens 1562, vermutlich schon früher, bildeten die Pontresiner Bauern fünf Alpgenossenschaften:

1. Alp Languard
2. Alp dad oura d'Chialchiagn (heute Alp veglia)
3. Alp dadaint d'Chialchiagn (heute Alp nouva)
4. Alp d'Bernina sura
5. Alp d'Bernina suot.

Die Grenzen der Alpen und die Zuteilung der einzelnen Bauern zu den «Cumpagnias» sind in einer Urkunde genau angegeben. Die Alpen wurden durch das Los an die «Cumpagnias» vergeben, und jede Alp hatte zwei verantwortliche Alpmeister zu bestimmen.

Später, 1757, um die Alpen noch besser bewirtschaften zu können, traf man eine Dreiteilung. Die Alpen Languard und Chialchiagn (Alp veglia) werden von den «Cumpagnias d'alp» der Gemeinde zur Verfügung gestellt.

Die Oberengadiner Statuten verfügen schon um 1563, dass die Nachbarschaften ihre Alpen an «Taschins» (Bergamasker) verpachten dürfen. Die im Gemeindearchiv Pontresina vorhandenen Pachtverträge lassen vermuten, dass die Dreiteilung u. a. erfolgt sei, um Languard und Chialchiagn an die Taschins verpachten zu können. Dies umso mehr, als im Jahre 1829, als die Dreiteilung auf eine Zweiteilung reduziert wurde, ebenfalls ein Pachtvertrag mit Bergamaskern abgeschlossen wurde.

Heute kennt die Gemeinde Pontresina nur mehr eine *Alpgenossenschaft*. Hier, wie überall, siegte das Bedürfnis nach Vergrösserung des Unternehmens. Berücksichtigen muss man, dass früher die ganze Herde einer Genossenschaft, Jungtiere und Kühe, auf der gleichen Alp gesömmert wurde. Heute nimmt man sozusagen eine waagrechte Teilung vor, d. h. das Jungvieh wird getrennt von den Kühen gealpt.

8 Mitten im Arvenwald, am Rande des sehr schön angelegten Friedhofs, träumt das Kirchlein Santa Maria. Das Geläute seiner einzigen Glocke begleitet immer noch die Pontresiner zur letzten Ruhestatt.

Viehbestand in Pontresina seit 1860

Jahr	Pferde	Rinder	Kühe	Ochsen	Schafe	Ziegen
1860	32	30	107	5	227	81
1870	54	43	88	–	170	75
1901	73	19	72	–	138	15
1921	33	27	80	–	151	87
1943	18	90	116	–	132	–
1946	23	85	104	–	85	26
1978	40	52	74	–	6	3

Die auffallend grosse Anzahl Pferde für das Jahr 1901 ist wohl auf die damals aufstrebende Hotellerie zurückzuführen, unmittelbar vor dem Bau der Rhätischen Bahn und der Berninabahn. Dass die Landwirtschaft in Pontresina oft mit erheblichen Schwierigkeiten zu kämpfen hatte, beweisen die Tagebücher des Nuot Lelly-Ligna, die von schlechten Ernten zu berichten wissen, und die Urkunden des Gemeindearchivs Pontresina bezeugen, dass, um einer furchtbaren Heuschreckenplage Einhalt zu gebieten (um 1860, leider ohne Datum), 1500 Hühner angeschafft werden sollen.

Grenzzwistigkeiten und solche wegen freiem Durchzug der Herden, besonders der Taschins, durch das Gebiet anderer Gemeinden, waren noch im letzten Jahrhundert an der Tagesordnung.

Durch die Verbesserung der Verkehrsmittel, die bereits um 1500 einsetzte und im 19. Jahrhundert unerwartete Fortschritte machte, wurde die Einfuhr von Getreide und Metall bedeutend erleichtert, was die Ausbeutung der Bergwerke und den Ackerbau unrentabel machte, so dass diese Erwerbszweige nach und nach eingestellt wurden, der Bergbau bereits um 1500, der Ackerbau etwa drei Jahrhunderte später.

Die Pontresiner *Gemeindegrenzen* weisen eine sonderbare Linienführung auf, und die letzten Grenzbereinigungen zwischen Pontresina einerseits, Samedan und Celerina andererseits, wurden erst vor etwa hundert Jahren vorgenommen und geben heute noch Anlass zu Diskussionen. Durch die Teilung von 1539 wurden in Tolais, Spuonda da Roseg und Clavadels komplexe Grenzverhältnisse geschaffen, so dass Celerina Holzrechte besass, dort, wo den Pontresinern Weiderechte eingeräumt waren. Heute ist die Grenze so, dass der Bahnhof Pontresina teilweise auf Celeriner Boden steht. Im Morteratschtal, vom Gletscher bis Laviner grand, gehörte der Wald der Gemeinde Samedan. Erst Ende des letzten Jahrhunderts wurde er für Fr. 39 000 den Pontresinern überlassen.

Wüsste man nicht, dass die Alp auf Bernina und die Val Roseg durch rechtmässigen Kauf an die Gemeinden Samedan und Bondo gekommen sind, müsste man hinter der Teilung von 1538/39 Parteilichkeit vermuten.

9 Chor und Südwand im Innern der Kirche Santa Maria, deren Wände fast vollständig mit Fresken aus verschiedenen Epochen ausgemalt sind.

Verkehr

Pontresina, direkt am Fusse des Berninapasses gelegen, bildete im Mittelalter eine Porte oder Suste, d. h. eine Ortschaft, der das Recht zustand, sich am Warentransport über den Pass zu beteiligen.

Prähistorische Gegenstände, die im Puschlav und bei Pontresina gefunden wurden, lassen vermuten, dass der Pass schon in vorrömischer Zeit begangen war und dass er zur Römerzeit als Bindeglied zwischen der Lombardei und dem Engadin eine wichtige Rolle spielte, die während des Mittelalters in dem Masse wuchs, als sich das Puschlav nach und nach weltlich und kirchlich von Como und Mailand löste, dafür die Verbindung mit dem Bistum Chur immer enger knüpfte.

Die Ausbeutung der Silberbergwerke am Piz Bernina taten ein übriges, um den Transitverkehr über den Pass zu fördern.

Der Warentransport über die Bündner Pässe brachte bis etwa Mitte des 19. Jahrhunderts dem ganzen Kanton, vor allem den Porten, beträchtliche Einkünfte. Die Portenrechte regelten genau den Verkehr, und Pontresina wurde der Transport vom *Berninapass* bis Pontresina (Samedan) zugestanden. Solche Transporte zählten oft 50 bis 100 Pferde, wobei 7 bis 9 zu einem Stab zusammengekoppelt wurden. Darüber schreibt J. A. von Sprecher (Kulturgeschichte der Drei Bünde, S. 218): « Hatte der Stracksäumer seine Ladung übernommen und saumgerecht verpackt und aufgeladen und die sämtlichen Rosse durch einen langen Stab, der das Leitpferd mit den folgenden verband, gekoppelt, so bestieg er das freie Ross und brach auf.» Rechte sind sehr oft mit Pflichten verbunden. Saumwege mussten instand gehalten, Brücken gebaut und unterhalten werden. Vor allem bildete die Offenhaltung der Saumwege während des Winters ein schwieriges Unterfangen. Im Herbst mussten rechtzeitig Wegstangen gestellt wer-

den, vor allem war aber der Ruttnerdienst beschwerlich und gefährlich. Begreiflich, dass die Pontresiner Gemeindeurkunden von manchem Streit über Portenrechte und -pflichten zwischen Pontresina und Poschiavo zu berichten wissen. Lange Zeit war der genaue Umschlagplatz auf Bernina-Hospiz umstritten.

Bis 1555 führte der Passweg über Pisciadello. Von da an bis 1729 wurde die Route über Cavaglia eingeschlagen. In jenem Winter gingen aber am Sassalmasone und in Val Pila Lawinen nieder, die viele Opfer forderten. Die beiden Gemeinden einigten sich, versuchsweise für zwei Jahre den alten Weg einzuschlagen. Der Versuch war ein voller Erfolg. Die Route sei leichter und weniger gefährlich, wenn auch etwas länger. Es war ungefähr die Route der heutigen Berninastrasse.

Eine ausschlaggebende Änderung im Portenwesen trat erst anfangs des 19. Jahrhunderts ein. Infolge des zunehmenden Verkehrs über die Pässe stellte 1804 der Kleine Rat eine neue Transitordnung auf. 1817 schaffte der Grosse Rat alle Portenrechte ab. Proteste seitens der Gemeinden verhinderten aber die Ausführung des Beschlusses. Laut einem Beschluss der Gemeinde Pontresina wurde noch 1827 jedem Einwohner das Recht, Transporte auszuführen, zugestanden. So konnten die Portenrechte der einzelnen Gemeinden, nachdem sie teilweise ausgekauft werden mussten, erst um die Mitte des letzten Jahrhundert aufgehoben werden – nicht, weil der Transit kleiner geworden wäre, sondern weil neue

10 Der Erzengel Gabriel verkündet Maria die frohe Botschaft «Siehe, du wirst schwanger werden und einen Sohn gebären; und du sollst ihm den Namen Jesus geben» (Lukas I/31). Wandmalerei aus dem Jahre 1495.

Die Entwicklung Pontresinas zum Kurort

Verbindungswege über die Alpen gebaut worden waren. Die Berninastrasse wurde als Kunststrasse in den Jahren 1842 bis 1865 ausgebaut. Damit begann die Zeit des Postschlittens und der Postkutsche, die im ersten Viertel unseres Jahrhunderts von der Eisenbahn und vom Auto abgelöst wurden.

Dem Bau der Albulabahn gingen langwierige, lokalorientierte Kämpfe um die Linienführung der *Bündnerbahnen* voraus:

1. Chur–Thusis–Splügen–Chiavenna

2. Landquart–Davos–Scalettapass–Cinuoschel-Martina–Landeck

3. Chur–Thusis–Albula–Oberengadin.

Es ist interessant zu erfahren, dass sich die Oberengadiner Gemeinden zunächst zum Schutze der Landschaft dem Bahnbau widersetzten. Die Gemeinde Pontresina beschloss 1874, keine Opfer für eine Bahnverbindung ins Engadin zu bringen. Aus verkehrs- und finanzpolitischen Gründen gewährte man später der Albulabahn den Vortritt:

Thusis–St. Moritz: Baubeginn 1898, Eröffnung bis Celerina 1903, bis St. Moritz 1904.

Samedan–Pontresina: Baubeginn 1906, Eröffnung 1908.

Berninabahn St. Moritz–Tirano: Baubeginn an verschiedenen Orten im Juli 1906, Eröffnung 1910. Die Berninabahn und die Rhätische Bahn haben im Jahre 1943 fusioniert.

Wegbereiter

Die Schweizer und vor allem die Bündner, das ehemalige «Fry Rätien», haben jahrhundertelang ihren Überschuss an Bevölkerung exportiert, und als der Export aus konfessionellen, wirtschaftlichen und politischen Gründen stagnierte, entdeckten sie, dass der Import von Ausländern noch bequemer und einträglicher ist. Diese Formulierung ist boshaft und entspricht nur in den Grundzügen der Wirklichkeit.

Der Export begann schon um die Mitte des 12. Jahrhunderts. Als Handwerker, aber vor allem als *Zuckerbäcker*, zogen unsere Landsleute in fremde Städte. Dabei muss Venedig den Auswanderern besonders günstige Voraussetzungen geboten haben. Anhand dieses Beispieles versuche ich die Höhen und Tiefen der Emigration klarzumachen:

Von 42 Zuckerbäckereien, die 1699 in Venedig betrieben wurden, gehörten 40 Bündnern. Daneben gab es unzählige Landsleute, die in der Lagunenstadt als Handwerker, besonders als Schuhmacher tätig waren. Die meisten stammten aus protestantischen Kreisen unseres Kantons. Begreiflich, wenn sich dadurch für die Dogenstadt eine doppelte Gefahr abzeichnete, eine konfessionelle und eine wirtschaftliche! Es gab eine Auseinandersetzung, die mit kleinen Schikanen begann und 1766/67 mit der vollständigen Ausweisung der Bündner endete. Verhandlungen, die von den Drei Bünden eingeleitet wurden, blieben erfolglos. Unsere Gesandten wurden von der «Signoria» nicht einmal empfangen.

Ein anderer Exportzweig bildeten seit der Mitte des 15. Jahrhunderts die *Söldner*. Gleich den Zuckerbäckern zogen sie in aller Herren Länder: nach Mailand, zum Papst, nach Paris, nach Holland. Auch diesem Metier waren Höhen und Tiefen beschieden. Manch einer machte Karriere und kehrte als Offizier in die Heimat zurück. Andere hatten die Ehre, auf fremdem Boden den Heldentod zu sterben. Obwohl Schweizer und Bündner noch in den dreissiger Jahren des letzten Jahrhunderts in fremden Diensten standen, muss die Französische Revolution, 1789, politisch und wirtschaftlich ein Wendepunkt für Europa, als wesentlicher Bremsklotz des Söldnerdienstes bezeichnet werden.

Trotz mancher Tragödie, die durch den Söldnerdienst unserem Lande erwuchs, können wir, die Nachfahren jener Zeit, aus der heutigen Perspektive die Emigration keineswegs als Unglück für unsere Heimat prägen. Neben den Nachteilen, wie Verwöhnung, Faulheit, Zersetzung der Sitten und der Moral, Entfremdung, brachte sie auch wertvolle Kulturgüter ins Land, Kenntnisse fremder Sprachen und Literaturen und nicht zuletzt Geld. Die schmucken Engadiner Dörfer mit den vielen herrschaftlich anmutenden Häusern verdanken ihren Ursprung den heimgekehrten Emigranten.

Lage, klimatische Einflüsse

Ein Kurort entsteht nicht zufällig, nicht ohne dass gewisse Voraussetzungen erfüllt sind.

St. Moritz besass Mineralquellen, vor allem die Maurizius-Quelle, die schon sehr früh bekannt war und 1537 zum erstenmal vom berühmten Arzt Theophrastus Paracelsus als Heilquelle erwähnt wird.

Zweifellos ist der Sauerbrunnen zu St. Moritz die Wurzel des heutigen Riesenbaumes «Kurgebiet Oberengadin», aber ebenso sicher nicht die einzige. Da gehört einmal die «gottbegnadete» Landschaft des Oberengadins, mitten im hehren, erhabenen Hochgebirge, am Fusse des einzigen Viertausenders der Ostalpen dazu. Im Zauber ihrer Firne sind schon Millionen von Menschen in sich gegangen und haben mit C. F. Meyer das grosse stille Leuchten als Wunder der Schöpfung empfunden und den unwiderstehlichen Drang gespürt, höher und höher zu den weissen Spitzen aufzusteigen. Aber nicht minder schön und verlockend sind die im Lichte eines hellen Sommertages grauschimmernden Granit- oder Kalkfelsen. Die sich vom tiefblauen Himmel scharf abhebenden Umrisse der Bergriesen mit ihren markanten aber nicht allzu wilden Konturen, die nach Harz duftenden Arvenwälder, die während des Sommers zartgrünen und im Herbst goldgelben Lärchenwälder, die dem Spaziergänger wohltuenden Schatten spenden. In dieser Landschaft findet jeder Wanderer das, was er sucht: Ältere, Erholungsuchende den bequemen Spazierweg, Junge, Nimmermüde abenteuerversprechende Kletterwände oder das Labyrinth der Gletscher.

Mitten in dieser grossen Landschaft träumen liebliche Seen, die der Sicht von oben ein besonderes Gepräge verleihen und das Wandern an ihren Ufern abwechslungsreich gestalten. Die Farbenpracht der Alpenblumen entzückt den Vorbeiziehenden und ist ein wahres Dorado für den Kenner und Wissenschafter. Dass nicht nur die *Lage*, sondern auch das Klima zur Entfaltung eines Kurortes beiträgt, ist eine Binsenwahrheit. Das Klima von Pontresina ist wesentlich bestimmt durch die Höhe über Meer und durch die inneralpine Lage in der Massenerhebung der Berninagruppe. Die *Sonnenscheindauer* wird im Sommer von den nahen Bergen kaum beeinträchtigt. Im Winter weisen die verschiedenen Örtlichkeiten innerhalb des Berninatales recht unterschiedliche Sonnenscheindauer auf, aber selbst an den kürzesten Tagen und an günstiger Lage etwa sieben Stunden täglich. Dazu kommt die freundliche Hanglage des Dorfes, wo sich die Strahlungsverhältnisse besser auswirken. Die hochalpinen Lagen sind vor der Niederung besonders dadurch bevorzugt, dass man praktisch keinen Nebel kennt und die Luft staubfreier ist. Dadurch wird die Intensität der Sonnenbestrahlung erhöht, weniger die Wärmeintensität, die durch die Höhenlage wettgemacht wird, als die Intensität der biologisch wirksamen ultravioletten Strahlen. Es besteht kein Zweifel, dass bei zweckmässiger Dosierung die intensive Sonnenbestrahlung der hochalpinen Täler verschiedene Funktionen des menschlichen Organismus wertvoll anregt und damit zu den wichtigsten Reizwirkungen des Gebirgsklimas zählt.

Die Lage mitten im Hochgebirge hat für das Oberengadin im allgemeinen und für Pontresina im besonderen noch zwei Folgen:

Das Tal ist mit 80-90 cm pro Jahr niederschlagsarm. Die Wetterregel: Je höher das Tal, desto reicher die Niederschläge, gilt für das Oberengadin nicht. Es ist gegen Nordwesten, woher die meisten Niederschläge kommen, durch drei Bergketten abgeschirmt. Das bewirkt, dass die infolge der Höhenlage schon trockene Luft noch trockener wird und auch niedrige Temperaturen vom menschlichen Organismus kaum registriert werden, was die Erkältungsgefahr verringert.

Der im Oberengadin während der Sommermonate bei schönem Wetter wehende «Malojawind», dieser verkehrteste aller Winde, der talaufwärts und nicht abwärts ziehen sollte, der den Klimatologen manches Kopfzerbrechen bereitete, mag *ein* Faktor des Reizklimas sein, dem Wanderer ist er ein lästiger Geselle. Pontresina, das abseits des Haupttales und in gebührender Entfernung des durchziehenden Windes liegt, schätzt sich glücklich, von ihm verschont zu sein.

Hotellerie: Lichtblicke und Engpässe

Auch die *Hotellerie* hätte in der zweiten Hälfte des letzten Jahrhunderts kaum den ungeahnten Aufschwung erfahren, wenn in unseren Dörfern nicht ein gewisser Wohlstand, der auf die Emigration zurückzuführen ist, geherrscht hätte, wenn nicht fortschrittlich gesinnte, weltgewandte, initiative Menschen innerhalb unserer Grenzen gehaust hätten.

Damit sich das Bauerndorf Pontresina innert verhältnismässig kurzer Zeit zu einem Touristenzentrum entwickeln konnte, bedurfte es noch anderer Triebfedern: einmal die innere Befreiung der Menschen vom Aberglauben, dass in den Felsschluchten und Gletscherspalten Dämonen ihr Unwesen treiben, und dann zwischen 1800 und 1850 der Ausbau der Alpenstrassen, der das Reisen in unsere Bergtäler bequemer und verlockender machte.

Die Anfänge des *Fremdenverkehrs* waren recht bescheiden und von den Einheimischen nicht unbedingt erwünscht. 1850 eröffnete die Jungfer Clara Christ die Wirtschaft zum Weissen Kreuz mit drei Betten. Als die ersten Gäste, zwei Engländer, in einer Wirtschaft übernachten wollten, soll der Wirt (Meisser) gesagt haben: «Engländer? Nei, nei, Engländer will i keini im Huus, wege mina khönnet die übernachte, wo sie wend, dere Lüt geb i khei Quartier.»

Und die romanische Zeitung «L'Engiadinais» vom 29. September 1877 meinte noch: «Der Fremdenverkehr hat einen schlechten Einfluss auf unsere Jugend. Viele Kinder wer-

11 Höhenweg von der Alp Languard nach Muottas Muragl. Im Hintergrund der markante Piz Palü.

den im Sommer der schlechtesten Schule übergeben. Sie fahren mit den Fremden in den Kutschen, dienen in den Wirtschaften, sehen grobe, unanständige Menschen, aus deren dreckigen Mäulern unziemende Redensarten fliessen, die versuchen, unsere Knaben zum Trinken und Rauchen zu verführen.»

Ab 1850 folgt Gasthaus auf Gasthaus: 1851 Wirtschaft zur Krone, Lorenz Gredig, 1857 Hotel zur Krone, 1860 Dependance zum Hotel Krone. Nachdem einmal zum Hotelbau gestartet war, fand während eines halben Jahrhunderts ein wahres Rennen statt. Die letzten grossen Hotels entstanden um die Jahrhundertwende (Ausnahme Hotel Palü 1968).

Die meisten kleineren Pensionen datieren aus der Zwischenkriegszeit. 1865 verfügte Pontresina über etwa 100 Hotelbetten, heute, nach einem Jahrhundert, über 2500. Dazu kommen noch etwa 1300 Betten in Ferienwohnungen und Privatzimmern. Wahrlich ein steiler Aufstieg!

Die neuerstellten Hotels boten nicht nur den Gästen Unterkunft, deren Bau zog auch viele Handwerker heran, die im Dorf eine bleibende Stätte fanden. Auffallend sind die heute in Pontresina heimischen Prättigauer und Davoser Geschlechter: Grass, Gredig, Kasper, Hitz, Zippert, Meisser, Müller, Engi, Nadig, Stiffler usw.

Und die Gäste kamen. Im gleichen Masse, wie die Städte im In- und Ausland industrialisiert wurden, wuchsen die finanziellen Möglichkeiten ihrer Bewohner, wuchs das Bedürfnis zu reisen, zur Erholung in die Berge zu ziehen, in die durch Aufklärung und Wissenschaft entmytologisierten Berge, wo sowohl dem naturverbundenen Alpinisten als auch dem Schwärmer und Abenteurer die Erfüllung ihrer Wünsche versprochen wurde.

Um die Jahrhundertwende waren auch alle Vorbereitungen dazu getroffen, vornehme Hotels boten den Gästen bequeme Unterkunft, SAC- und Privathütten dienten als Ausgangspunkt für die Hochtouren, währschafte Führer standen den Gipfelstürmern zur Verfügung, und die Pontresiner hatten allen Grund, vertrauensvoll in eine ökonomisch blühende Zukunft zu blicken. Der Schock war umso grösser, als 1914 der Erste Weltkrieg ausbrach. Vier Jahre geschlossene Hotels, arbeitslose Führer und Handwerker. Es folgte die Zwischenkriegszeit mit Inflation und Deflation, mit einer weltweiten Arbeitslosigkeit. Manches Hotel geriet in die roten Zahlen und musste von einer Bank übernommen werden. Indessen waren aber die Zufahrten ins Engadin – Bahn, Auto – bequemer und billiger geworden, was die Reiselust der Menschen allgemein erhöhte und den Tourismus in grösseren Dimensionen erst möglich machte. So konnte man sich – trotz der weltweiten Wirtschaftskrise – schlecht und recht über Wasser halten, nicht zuletzt dank der kleineren Pensionen, die von der Krise weniger hart getroffen wurden, dank aber auch des Wintersports, der manchem Hotel die Dauer der Saison verdoppelte.

Aber schon 1939 kam der zweite Schlag. Abgesehen von den wenig einträglichen militärischen Einquartierungen und einem Jugendskilager, wiederum fünf Jahre vollständiger Stagnation. Und die Prognosen für die Zukunft waren schlecht. Auch die gescheitesten Köpfe der ökonomischen Wissenschaft sahen eine furchtbare Krise heranrücken. Sie sollten nicht recht bekommen. Wir kennen alle die wirtschaftliche Hochkonjunktur der Nachkriegszeit, die auch der Hotellerie zugute kam, wir wissen aber auch, dass die gleichzeitig entstandene Parahotellerie der eigentlichen Hotellerie eine nicht zu unterschätzende Konkurrenz darstellte. Die in Pontresina entstandenen Weiler Muragls und Pros da God sprengten in ihrer Grösse jedes vernünftige Mass und drohten zugunsten des Materiellen manches kulturelle Gut zu ersticken, so dass Staat und Gemeinden gezwungen waren, Gegenmassnahmen zu ergreifen. Auch in Kreisen der Hotellerie kam man zur einsichtigen These, es sei künftig die Qualität der Quantität des Kurbetriebes vorzuziehen.

Hochtourismus

Die zweite Hälfte des 19. Jahrhunderts gilt als Zeit der Erstbesteigungen. Die Berge auf der rechten Talseite um Piz Alv und Piz Languard waren schon früher von Jägern bezwungen worden. Nun ging es um die Bergriesen des eigentlichen Berninamassivs. Nachdem bereits 1835 der Palü-Ostgipfel von Oswald Heer, Meuli und Alexander Flury mit den Führern Johann Madutz und Gian Marchet Colani erstiegen wurde, gelang im Jahre 1850 dem Alpinisten, Topographen und späteren eidgenössischen Oberforstinspektor Johann Coaz die Erstbesteigung des Piz Bernina (4049 m. ü. M.). Mit Ausnahme des Piz Roseg, den die Engländer A. W. Moore und Horace Walker mit dem Meiringer Führer Jakob Anderegg erstmals bezwangen und des Piz Scerscen, der dem Deutschen Güssfeldt mit dem Führer Hans Grass von Pontresina zufiel, führten durchwegs Schweizer die ersten Besteigungen aus. Neben Bernina und Palü sind es der Piz Zuppò, den Lehrer L. Enderlin und Pfarrer Otto Serardi erreichten. Den schönen Felsgipfel der Crast'Agüzza erkletterte der St. Galler J. J. Weilenmann als erster, den Piz Morteratsch, heute einer der meistbestiegenen Gipfel, eroberte die Gruppe Brügger, Gensler, Emmermann und Angelo Klaingutti. Beim Piz Cambrena ist eine unbelegte Erstbesteigung unter Führung des «Königs der Bernina», Gian Marchet Colani, wahrscheinlich, die erste sichere ist die von Emil Burckhardt mit Hans Grass. Die Gipfel des Sella-Chapütschin–Grates bestieg zum grössten Teil der Erstbesteiger des Piz Bernina, Topograph J. J. Coaz mit seinen Gehilfen.

Namhafte Alpinisten, die mit Ehren erwähnt werden müssen, waren auch die beiden Pontresiner Joh. Saratz und der Arzt J. M. Ludwig, sowie der Zuozer Paul Schucan.

An den meisten dieser grossen Bergfahrten haben die Pontresiner Führer dieser Pionierzeit einen Anteil, der festgehalten werden darf. Sie bildeten eine glänzende Garde von vertrauenerweckenden Kraftgestalten und vorbildlichen Bergkameraden für die geführten Herren. Schon der Gemsjäger Gian Marchet Colani, obwohl nicht Führer, aber ausgezeichneter Kenner seiner Pontresiner Berge, begleitete gelegentlich Touristen auf Gipfeltouren. Immer wieder aber, bei fast jeder erstklassigen Besteigung, begegnet man den Namen Hans Grass, Christian Grass, Johann Gross, Alexander Flury, Peter Jenny, Martin Schocher und den drei Christianen: Klucker, Schnitzler, Zippert.

Pontresina, mitten im Hochgebirge, am Fusse des einzigen Viertausenders der Ostalpen gelegen, war prädestiniert, ein Zentrum des Hochtourismus zu werden.

Wintersport

Neben den sommerlichen Unternehmen wurden bald auch Winterbesteigungen der meisten Gipfel üblich. Schon im Februar 1880 bestiegen die Engländer Parnell und Watson mit Christian Grass, Valentin Kessler und Anton Colani den Piz Bernina. Martin Schocher traversierte am 20. Februar 1891 mit Mrs. Elisabeth Main den Palü (siehe Bild 23). Als Hilfsmittel benutzten sie Schneereifen. Mit der gleichen englischen Dame erstiegen er und Christian Schnitzler im Winter den Piz Zuppò und die Crast'Agüzza. Schon vor 1900 benutzte Martin Schocher Skier für seine insgesamt 80 Winterhochtouren. Dieser ruhige, gutmütige Mann von aussergewöhnlicher Kraft, eine stattliche Erscheinung mit grossem Bart, gehört zu den Pionieren des alpinen Skilaufs im Oberengadin. Er hat den Piz Bernina 234mal (26mal im Winter), den Palü 130mal bestiegen und im ganzen 1417 Touren geführt, wie es aus seinem sorgfältig geführten Tagebuch ersichtlich ist.

Trotz der Pionierarbeit, die schon im letzten Jahrhundert geleistet wurde, ist der Wintersportplatz Pontresina im heutigen Sinn und Ausmass eine Folge der Entwicklung des Skisportes zum Volkssport.

Die ersten Skiversuche in Pontresina sollen 1881 von Claudio Saratz unternommen worden sein. Es muss sich um primitive Bretter gehandelt haben. Denn der eigentliche Skilauf begann erst um die Jahrhundertwende, als die ersten Norweger uns ihre Künste auf Skiern vormachten. Rasch nahm dann der Skisport einen ungeahnten Aufschwung und entfaltete sich schon in den Zwanziger Jahren zum eigentlichen Volkssport. 1928 fanden die zweiten olympischen Winterspiele in St. Moritz statt, das Diavolezza-Rennen über die Isla Persa und den Morteratsch-Gletscher war schon lange zum internationalen Ereignis geworden, Skisprungkonkurrenzen gehörten zu den Höhepunkten der winterlichen Veranstaltungen, und Pontresina besass damals am Eingang der Val Roseg die bestangelegte Schanze, wo 80 und mehr Meter weit gesprungen werden konnte. Skischulen schossen wie Pilze aus dem Boden, und das Lied war fällig:

Alles fährt Ski, alles fährt Ski,

Ski fährt die ganze Nation.

Diese skifahrende Nation wollte aber vor allem eine rassige und schnelle Abfahrt geniessen. So entstanden unzählige Bergbahnen und Skilifte, vor deren Talstationen bald lange «Menschenschlangen» warteten. Man erwog und verwirklichte an einzelnen Orten den Transport mit dem Helikopter. Damit verlor das Skifahren einen Teil seines ursprünglichen Sinnes, den Körper im Aufstieg zu stählen. Eine dermassen einseitige Auffassung des Skisportes musste früher oder später nach dem notwendigen Ausgleich rufen. Man fand ihn im Langlauf. In den letzten zehn Jahren hat sich auch diese Art des Skilaufens zu einem wahren Volkssport entwickelt. Wer's nicht glaubt, besuche einmal den beliebten Engadiner Skimarathon in der ersten Märzhälfte.

Pontresina erhielt seine Bergbahnen bald nach dem Zweiten Weltkrieg: Skilift Alp Languard, Luftseilbahn Diavolezza und Lagalb. Besonders die Diavolezzabahn ist zu einer echten Attraktion für den Wintersport in Pontresina geworden. Damit ist das Berninagebiet auch für den Wintersport vollständig erschlossen.

Allgemeiner Sport, Kulturelles

Neben dem Hochtourismus gibt es auch einen «Sonntagstourismus» in Pontresina, der nicht minder verlockend und gesund ist: die Tages- und Halbtagestouren. Pontresina bietet auch in dieser Hinsicht viel Abwechslung. Man denke an die gut unterhaltenen Fusswege

12 Chünetta. Wanderer im Aufstieg von Morteratsch zur Bovalhütte. Im Hintergrund die Berninagruppe.

zu den SAC-Hütten Coaz, Tschierva, Boval, dann zu den Privathütten Diavolezza, Alp Languard, Piz Languard, Munt da la Bes-cha suot e sura, Paradishütte. Daneben gibt es einen Höhenweg von Muottas Muragl nach Alp Languard und unzählige Waldspazierwege.

Auf den Loipen ins schöne Rosegtal und nach Morteratsch können sich die Pontresiner Gäste dem Langlauf widmen, mit Eislauf, Schlitteln, Curling, Reiten und Schlittenfahrten ihren Aufenthalt nützlich und angenehm gestalten. Dem gleichen Sinn und Zweck dienen im Sommer Tennis, Golf, Fischen und Skifahren auf dem Firnfeld der Diavolezza. Die letzten dem Sport dienenden Errungenschaften Pontresinas waren der Bau des Hallenbades und des Langlauf-Sportzentrums.

Und wer den Spaziergang mit musikalischer Unterhaltung verbinden will, der gehe am Vormittag in den Taiswald zum Waldkonzert.

Von den hochwertigen Darbietungen der Engadiner Konzertwochen finden mindestens deren drei in Pontresina statt und bereichern so das kulturelle Leben des Kurortes.

Während der Sommersaison sind die botanischen Exkursionen besonders beliebt. Sie wurden in den dreissiger Jahren unter der Führung des weltberühmten Botanikers Braun-Blanquet durchgeführt und stehen heute in der Obhut pflichtbewusster Biologen, die über die Reichhaltigkeit der Lokalbotanik Bescheid wissen und die Teilnehmer dafür zu begeistern verstehen.

Im Sommer 1979 wird im Haus Grass, im Dorfteil Laret, das *Museum Alpin* eröffnet, das neben der Geschichte der Erschliessung der Berninagruppe und der Bergellerberge die Entwicklung des Sommer- und Wintertourismus, des Sportes, die Geschichte der Oberengadiner Gemeinden, des Verkehrs, der Landwirtschaft, der Flora, Fauna und Geologie, sowie meteorologische Hinweise des oberen Inntals zeigt.

Wilhelm Conrad Röntgen

Es ist kaum nötig, Wilhelm Conrad Röntgen vorzustellen. Wer wüsste nicht um die Bedeutung der Röntgenstrahlen, vom Entdecker als X-Strahlen bezeichnet, für die Medizin und neuerdings auch für die Wirtschaft, jener Strahlen, die von bestimmten Körpern nicht absorbiert sondern «durchgelassen» werden. Man darf Professor Röntgen das beglückende Gefühl nachempfinden, als er am 8. November 1895 zum erstenmal der Eigenschaft dieser neuen Strahlen gewahr wurde.

Wilhelm Conrad Röntgen, ein Sohn des deutschen Rheinlandes, wurde am 27. März 1845 in Remscheid (Lennep) geboren, verbrachte aber einen grossen Teil seiner Kindheit in Holland, der Heimat seiner Mutter. Er war kein aussergewöhnlicher Schüler. Dass er aber aus der Schule gewiesen wurde, weil er sich weigerte, den Namen eines Mitschülers zu verraten, der durch eine unüberlegte Tat den Lehrer beleidigt hatte, tat ihm weh. Er kam in die Schweiz, und wir finden ihn 1865 an der ETH in Zürich als Student des Maschinenbaufaches. Er beendete sein Studium als Physiker. Röntgen blieb zeitlebens mit der Schweiz verbunden, vor allem mit Pontresina, wo er, der Nobelpreisträger, während 43 aufeinanderfolgenden Sommern im Hotel «Weisses Kreuz» seine Ferien verbrachte. Hier fühlte er sich wohl. Er genoss die Hochtouren so sehr wie die Spaziergänge in die Val Roseg oder auf die Alp Languard und verschmähte abends oder bei schlechtem Wetter auch eine

13 Wer sich eine Kutschenfahrt in die Val Roseg leistet, erlebt etwas Einmaliges: Lärchen- und Arvenwälder umsäumen die Strasse, und im Hintergrund leuchtet die Sella-Gruppe.

Schach- oder Skatpartie mit Gästen oder Einheimischen nicht. «Mit vier Wochen Pontresina verlängerte ich jeweilen mein Leben um ein Jahr», pflegte er lächelnd zu sagen. Anlässlich des 4. internationalen Radiologenkongresses in Zürich (Sommer 1934) wurde dem grossen Gelehrten an seinem Lieblingsplatz, einem stillen Winkel halbwegs zur Alp Languard, eine Gedenktafel errichtet. Noch 1915 schrieb er: «Warm wird es einem ums Herz, wenn wir an die Zeiten und an die Leute von damals denken! Überhaupt an die Schweiz: Wieviel Gutes und Schönes habe ich ihr zu verdanken!» Und 1921 stieg er, trotz seines Leidens, zu Fuss nach Muottas Muragl, um die physiologische Pflanzenstation zu besuchen. Professor Röntgen starb am 10. Februar 1923.

Jakob Christoph Heer

Der um die Jahrhundertwende viel gelesene Winterthurer Schriftsteller war im Engadin und vor allem in Pontresina ein häufiger und beliebter Gast. Im Büchlein «Streifzüge durch das Engadin» gab er seiner Liebe zum Hochtal Ausdruck und im «König der Bernina», seinem meistgelesenen Roman, schilderte er das eigentliche, aber auch das ihm angedichtete, dämonische Leben des berühmten Gemsjägers Gian Marchet Colani, alles eingebettet in die Entwicklung des einfachen Bergdorfes Pontresina zum Kurort.

Pontresina setzte ihm 1952 bei Montebello einen Gedenkstein, einen Berninagranit mit Büste. Auf den arvenumsäumten Platz, den «J. C. Heer-Platz», blickt der Piz Bernina, den der Held des Romans, Markus Paltram, umsonst zu ersteigen suchte.

J. C. Heer wurde am 17. Juli 1859 in Töss bei Winterthur geboren und starb am 20. August 1925 in Rüschlikon.

Wilhelm Georgy

wurde 1819 in Magdeburg geboren und starb 1887 in Weimar. Er war Illustrator von Tschudis «Tierleben der Alpenwelt» und hielt sich zu diesem Zweck von 1853–57 in Pontresina und dessen Umgebung auf. Georgy liebte das Abenteuerliche und hauste gern in einsamen Hütten. In zwei Briefen (Bündner Monatsblätter 1857) beschreibt er auf köstliche Art seine Aufenthalte in der Alp Ota und am Morteratschgletscher. «Es war schlimm, als mir nur noch Schokolade und Polentamehl (Maismehl) als Nahrungsmittel übrigblieben», meinte er. «Da wusste ich, dass Not nicht nur Beten, sondern vor allem Kochen lehrt. Ich musste ein neues Gericht aus Schokolade und Polentamehl erfinden, das ich «Revalenta» nannte.»

Giovanni Segantini

Der 1858 in Arco am Gardasee geborene Giovanni Segantini hatte nach einem längeren Aufenthalt in Savognin in den neunziger Jahren Wohnsitz in Maloja genommen und war somit nie Gast in Pontresina. Und dennoch müssen wir ihn in diesem Zusammenhang erwähnen. Er war im September 1899 auf den Munt da la Bes-cha sura gestiegen, um an seinem grossen Bild «Sein» zu malen. Er erkrankte, weigerte sich, ärztliche Hilfe zu holen, und als sie doch kam, war es zu spät. Er starb am 28. September 1899.

14 Gletscherwanderung im Sommer auf dem Vadret da Morteratsch.

Bedeutende Pontresiner

Gian Saratz (1821–1900) besuchte das Institut a Porta in Ftan, die Bündner Kantonsschule in Chur und zwei Jahre lang das Institut Hüni in Horgen. Hierauf arbeitete er mehrere Jahre in einer der Familie eigenen Konditorei in Frankreich. Das den Engadinern angeborene Heimweh zog ihn aber in die Heimat zurück. 1845 verheiratete er sich mit Anna Jenny. Liebe zu seinen heimatlichen Bergen und Freude an der Natur kennzeichnen sein Wesen. 1858 bestieg er mit Peter Jenny und dem Gemsjäger Rüedi den Piz Bernina. Als Bergsteiger, Naturforscher und Jäger durchstreifte er seine Berge, seine Lieblinge unter den Tieren waren die Vögel. In jungen Jahren begleitete er oft Gian Marchet Colani auf der Jagd und war dabei, als dieser im August 1837 die letzten zwei Gemsen erlegte.

Gian Saratz hatte zunächst beim Apotheker Bovelin, später in Stuttgart und Paris gelernt, Vögel gründlich zu präparieren und legte sich in der Folge eine Sammlung sozusagen aller damals im Oberengadin vorkommenden Vögel an. Ebenso sorgfältig betreute er sein Herbarium und seine Sammlung einheimischer Schmetterlinge.

Saratz stand mit bedeutenden Naturwissenschaftern seiner Zeit in Verbindung. So steuerte er zu Tschudis «Tierleben der Alpen» manch nützliche Angabe bei und veröffentlichte ein Verzeichnis sämtlicher im Engadin lebender Vögel. Auch der Versuch, Rentiere im Val Roseg anzusiedeln (1866/67), blieb nicht ganz erfolglos. Zwar mussten die beiden eingeführten Tiere nach zwei Jahren wieder verkauft werden, weil der junge Bock gemeingefährlich wurde, so dass dessen Geweih abgesägt werden musste, vor allem aber, weil sich die Tiere nicht vermehrten. Für eine Herde hätte auch das für die Rentiere geeignete Futter kaum ausgereicht. Die beiden Tiere gediehen aber recht gut am Rande des Rosegggletschers.

Gian Saratz eröffnete 1875 das Hotel Saratz, dessen Betrieb er aber seinen Angehörigen überliess. Seiner engeren Heimat diente er als Kreis- und Bezirksrichter, als Landammann und Grossrat.

Elias Manzinoja (1844–1883) studierte Jurisprudenz und betätigte sich in seiner Heimat als Advokat und Redaktor. Besonders im Puschlav muss er bekannt gewesen sein, wo man zeitweise einen schlauen Advokaten mit «un Manzinoja» bezeichnete.

Er war Redaktor der romanischen Zeitung «L'Engiadinais» und hatte, um deren Druck sicherzustellen, in Pontresina, in der heutigen Pension Hauser, eine Buchdruckerei eingerichtet, wo besonders romanische Schriften erschienen. Seine Muttersprache, das Romanische, war ihm sehr ans Herz gewachsen, und er trachtete besonders darnach, die Engadiner in der Fremde mit romanischen Schriften zu versehen.

Elias Manzinoja muss ein von seinen Mitmenschen geliebter, geselliger Mann gewesen sein. Er starb mit 39 Jahren 1883.

Nuot Lelly-Ligna (1805–1885) war ein Original eigener Prägung. Wahrscheinlich 1805 in Frankreich geboren, leistete er dort Militärdienst. Ein Ölbild zeigt ihn in französischer Uniform. Er muss aber schon in jungen Jahren in die Heimat zurückgekehrt sein, wo er sich der Landwirtschaft widmete und bemüht war, immer und überall Verbesserungen einzuführen, um die Produktion zu heben. Die von 1850–83 geführten Tagebücher zeugen von seinen guten Kenntnissen der Lokalgeschichte und sind ein Spiegelbild seiner Ausdauer, seines Ordnungssinnes und seiner Religiosität. Nach einer schlechten Ernte schreibt er 1852: «Wir werden diese Strenge von unserem himmlischen Vater verdient haben, es liegt nur an uns, Eifer und guten Willen zu verdoppeln, besser zu werden und seine Güte zu verdienen – Amen». Er starb 1885.

Johann Niclaus Stupanus (1542–1621) und *Emmanuel Stupanus* (1587–1664). Das Geschlecht Stuppaun, Stupaun, kommt seit dem 16. Jahrhundert in Pontresina häufig vor. Die Stuppauns (Pontresiner Linie), vermutlich von Chiavenna eingewandert, sind die Vorfahren der heute in Basel lebenden Stupanus. Lange bevor Schiller in «Die Räuber» den bekannten Ausspruch gemacht hatte «Reise nach Graubünden, es ist das Athen der heutigen Gauner», hatte Sebastian Münster (1543) in seiner Universalkosmographie über die Engadiner geschrieben «Habet moltos latrones». (Es gibt viele Diebe.) Als man in Basel deswegen vorstellig wurde, war Münster bereits gestorben, und sein Nachfolger entschuldigte sich, er lese nie, was gedruckt werde, es sei Sache der Setzer. Unter ihnen befände sich ein Engadiner, ein gewisser Stupan, der die Stelle hätte ausmerzen sollen. Es könnte sich um einen Verwandten des Johann Niclaus Stupanus handeln, der 1542 in Pontresina geboren wurde, schon als Knabe nach Basel kam, Schüler des Thomas Platter war, Medizin studierte und 1569 mit der Doktorpromotion abschloss. 1575 erlangte er das Bürgerrecht der Stadt Basel und wurde Professor an der Universität. Ein temperamentvoller Mann muss er gewesen sein, der einmal den Buchdrucker Peter Perna gründlich durchprügelte, wofür er mit 20 Gulden bestraft wurde. Mehr Aufsehen erregte er durch eine lateinische Übersetzung von Machiavellis «Principe», die er dem Basler Bischof, einem Gegenreformator, widmete. Das war für die evangelische Stadt ein schweres Verbrechen, und Stupanus

wurde 1580 in seinem Amt suspendiert. Neun Jahre später erhielt er wieder einen Lehrstuhl für theoretische Medizin. Seine Publikationen, vor allem Übersetzungen aus dem Italienischen ins Lateinische, sind zahl- und umfangreich.

Als Niclaus 1620 erkrankte, folgte ihm sein Sohn Emmanuel im Amt.

Gian Marchet Colani (1772–1837). Sein weitgespannter Lebensbogen reicht von den wildesten Gerüchten deutscher und englischer Journalisten und Wissenschafter bis hin zum gläubigen Christen, der sonntags im Kirchlein Santa Maria als Vorsänger dem Herrn diente oder zum raschentschlossenen Helfer, wenn Mitmenschen in Not gerieten. Sein wirkliches Leben hat sich sicher nicht ganz so wild abgewickelt, wie die sensationslustigen Zeitungsschreiber seiner Zeit es wahr haben wollten. Dass J. C. Heer in «Der König der Bernina» für seinen Markus Paltram jene phantastischen Berichte verwendet hat, wollen wir ihm, dem Romanschriftsteller, nicht verübeln. Rein sprachlich ist eher zu bedauern, dass er aus dem männlichen romanischen «Il Bernina» eine weibliche deutsche Form «Die Bernina» gebildet hat. Die Endung «a» hat ihn, den Romanischunkundigen, vermutlich zu dieser Geschlechtsverwandlung verführt.

Gian Marchet Colani wurde am 24. Mai 1772 als Sohn des Schreinermeisters Jan Colani in Chamues-ch geboren. Vom Dorfpfarrer lernte er notdürftig lesen und schreiben und vom Vater, der nicht nur ein tüchtiger Handwerker, sondern auch ein eifriger Gemsjäger war, die handwerkliche Geschicklichkeit und die Handhabung des Jagdgewehrs.

Seine erste Ehe mit einer Bauerntochter aus Bever hielt nicht lange. Colani wanderte nach St. Etienne aus, wo er als Zuckerbäcker eine Lehre antrat, sich daneben in einem Waffengeschäft als Schmied ausbildete. Wieder heimgekehrt, heiratete er Maria L. Branger und siedelte sich als Pächter und Gastwirt eines Gasthofes in Bernina Bassa an. Später zog er nach Pontresina, wo er in Promulins, am Rande der Schlucht (heute Haus Jachen Tschander), eine Waffenschmiede einrichtete. Colani war aber immer auch Bauer und als solcher Pächter oder Besitzer der Wiesen um die in der Val Roseg gelegenen «Acla Colani».

Die Berichte derer, die Colani persönlich gekannt haben, bezeichnen ihn als hilfsbereit, aber eigenwillig, selbstherrlich, jähzornig, zynisch. Er hatte eine ausgesprochene Adlernase, war von kräftiger mittlerer Statur, ein ausgezeichneter Büchsenmacher und ein fanatischer, treffsicherer Gemsjäger, der nur widerwillig andere Jäger in seinen Jagdgründen duldete. Der Mann, der sich in der Rolle des besten Nimrods gefiel, mag zu den wunderlichen Sagen, die um sein Leben gewoben wurden, manchen Faden selber gesponnen und manchem Badegast der St. Moritzer Prominenz ein Schnippchen geschlagen haben, wenn die Herren allzu neugierig wurden und ihn unbedingt auf die Jagd begleiten wollten. So kam es vermutlich zu jenem Artikel in der «Stuttgarter Zeitung» vom 14. April 1831, der Colani zum Bigamisten und gemeinen Verbrecher stempelte und indirekt auch die Bündner Justiz als Hehlerin anklagte. Begreiflich, dass das Kriminalgericht des Oberengadins den anonymen Verfasser des Artikels aufforderte, seine Aussage vor Gericht zu bekräftigen. Der Anonymus blieb aber anonym.

Die Prahlsucht soll übrigens Colani das Leben gekostet haben. Mit zwei tirolischen Männern wettete er, allein mehr Arbeit zu leisten, als die beiden zusammen. Er gewann die Wette, strengte sich dabei aber dermassen an, dass er an einer Lungenentzündung erkrankte und kurz darauf, am 14. August 1837, starb.

Der Versuch, eine Anzahl Lokalnamen nach deren Herkunft zu deuten, hat uns gezeigt, dass die Wurzeln der einheimischen Sprache wesentlich im Lateinischen gründen. Mit Recht wird das Romanische als neolateinische Sprache bezeichnet. Daneben bleiben einzelne Wörter auch für den Sprachforscher undeutbar oder werden als vorrömisch bezeichnet. Ein Beweis, dass die Räter, die Ureinwohner Bündens, lange vor der Eroberung des Landes durch die Römer (15 v. Chr.) unsere Täler bevölkerten und ihre eigene Sprache kannten. Romanisiert wurden sie erst durch die römische Besetzung oder noch später durch die von Süden kommenden christlichen Missionare. Dass die Sprache der alten Räter mit dem Etruskischen verwandt war, ist möglich, aber nicht erwiesen.

Während des Mittelalters ist manches Tal Fry Rätiens germanisiert worden. Seit hundert Jahren, infolge des stets zunehmenden Fremdenverkehrs, droht auch Pontresina die Gefahr der Germanisierung. Was tun? Haben die Schulen als Bewahrer von Sprache und Kultur versagt? Ein Blick auf die Schulchronik der letzten 150 Jahre: 1829 zählte Pontresina 262 Einwohner und zwei Privatschulen. Die Kinder wurden im Nötigsten, mehr oder weniger auch im Deutschen unterrichtet. So fehlt hier Wesentliches.

Pontresinas erste Dorfschule wurde 1839 errichtet. Die Schulstube befand sich im Pfarrhaus: zwei Lehrer, 35 Schüler. Die Schule galt als deutsch/romanisch.

15 Die Schlitteda, ein Dorffest, findet in der Regel am zweiten Sonntag im Januar statt. Anmutig, wie im Damensattel, sitzt das in die rotschimmernde Engadinertracht gekleidete Mädchen. Hinter der zweiten Brüstung steht der Kavalier als Fuhrmann.

1852 lautet der Bericht des Inspektors über die Schule des Lehrers Leonhard Enderlin: Die Erstklässler müssen aus dem Romanischen ins Deutsche übersetzen. Diese Schule kann kaum mehr eine romanische Schule genannt werden, weil sie ganz den Charakter einer deutschen Schule hat, in der auch Romanisch gelehrt wird.

1884 beschliesst der Schulrat Pontresinas: In Anbetracht des Niederganges der romanischen Sprache muss der Religionsunterricht, das einzige Fach, das bis jetzt immer romanisch erteilt wurde, auch weiterhin romanisch erteilt werden. Etwa 1860 wurde die Chalandamarz-Feier «abdecretiert» und 1880 wieder eingeführt.

1870 erhielt Pontresina ein neues Schulhaus, ein entscheidender Schritt für das weitere Gedeihen der Dorfschule.

Um die Jahrhundertwende wurde die Sekundarschule gegründet, 1933 die Primarschule in eine romanische und eine deutsche Abteilung geteilt.

1949 ging man von diesem System, das vermutlich doch nicht ganz zu befriedigen vermochte, wieder ab. Heute wird die Schule wieder einheitlich geführt. In den unteren Klassen gilt Romanisch, in den oberen Klassen und in der Sekundarschule Deutsch als Unterrichtssprache. 1969 erhielt Pontresina ein neues Schulhaus. Manche Angabe dieser Schulchronik stimmt uns heute nachdenklich. Umso erfreulicher ist es, dass die Strassen und Gassen neuerdings die alten romanischen Namen tragen, dass Chalandamarz und Schlitteda immer noch leben, dass etwa ein Drittel der einheimischen Bevölkerung – trotz allem – noch romanischer Zunge ist. Und doch haben wir keinen Grund, uns damit zu brüsten, denn die Kinder reden, dem Stundenplan zum Trotz, ausserhalb der Schulstube deutsch, die sonntägliche Predigt wird deutsch gehalten (löbliche Ausnahmen bestätigen nur die Regel), die Gemeindeversammlungen werden deutsch geführt, deren Protokolle deutsch verfasst. Wir haben aber allen Grund, als beachtenswerten Erfolg zu buchen, wenn es einer Handvoll tapfer Kämpfender gelungen ist, in einer Zeit wirtschaftlicher Euphorie das zu retten, was eben noch gerettet worden ist.

Hätte man mehr tun können? Könnte man es heute noch? Kam die Einsicht zu spät? Waren die Verhältnisse stärker als der Wille zur Erhaltung von Sprache und Kultur? Aus der nachträglichen Perspektive sind oft auch schwierige Fragen leicht zu beantworten.

Etwas Geologie

Vor ungefähr 100 Millionen Jahren begannen im Süden des europäischen Kontinentes gewaltige Umwälzungen. Die Erdkruste wurde zusammengeschoben, gefaltet, zerrissen und gehoben. Es entstand im Laufe von 70 bis 90 Millionen Jahren das jüngste Gebirge Europas: die Alpen. Wie jedes andere Gebirgsstück zeigt auch die Umgebung von Pontresina Spuren dieser Vorgänge. Vor allem sind es die Gesteine, die uns darüber Auskunft geben können.

Entlang der Berninastrasse, im Roseg- und Morteratschtal, sind die Felswände aus massiven, meist grauen, aber auch roten und grünen Gesteinen aufgebaut. Es sind dies *Eruptivgesteine*: Granite, Syenite und Diorite, Gesteine also, die bei der langsamen Abkühlung und Kristallisation (Erstarrung) von – etwa 1000 Grad – heissen Schmelzen entstanden sind. Solche Gesteine können sich nur im Innern der Erdkruste bilden. Heute aber finden wir sie an der Erdoberfläche. Irgendwie müssen sie also gehoben, und zugleich muss das, was einst darüberlag, weggeräumt worden sein.

Die oben erwähnten Gesteine findet man auch in den Steilhängen ob Pontresina. Ein schöner roter Granit kommt z. B. bei der Alp Languard an den Tag. Steigt man aber hier gegen den Piz Languard hinauf, dann ändert sich der Charakter der Gesteine in drastischer Weise. Rostig anwitternde, dunkelbraune, in Platten und Scherben zerfallende *Gneise* und *Schiefer*, bilden die Crasta Languard und diesen selbst. Nur ein da und dort auftretender heller Gneis widersteht dem Zerfall besser.

Dieser Gneis setzt sich aus denselben Mineralien zusammen wie ein Granit. Er unterscheidet sich von diesem darin, dass er in Platten gespalten werden kann. Diese Struktur erhält ein Granit, wenn er im Erdinnern bei genügender Wärme unter starken Druck gesetzt wird. Solche Drucke treten aber vor allem bei einer Gebirgsbildung auf. Die Vorgänge, bei welchen der helle Gneis der Crasta Languard entstand, lassen sich datieren; sie liegen etwa 300 Millionen Jahre zurück. Wir haben also hier das Fragment eines Gebirges vor uns, das viel älter ist als die Alpen. Diesem alten (paläozoischen) Gebirge gehörte der ganze Silvretta an; auch die Diorite und Granite des Bernina entstanden etwa zu jener Zeit. Grosse Teile Europas waren einst von diesem alten Gebirge bedeckt. Dieses wurde dann allmählich abgetragen, versank und wurde vom Meer überflutet. Während des ganzen Mittelalters der Erdgeschichte (Mesozoikum), von der Trias bis zur Kreide, über 100 Millionen Jahre lang, wurden marine Sedimente, Kalke, Tone, Sande auf diesem Sockel abgelagert.

Dieses Meer ist längst verschwunden. Seine Ablagerungen wurden bei der Bildung der Alpen mitsamt ihrer Unterlage von den Bewegungen verschleppt, über- und ineinander geschoben und gefaltet.

Am Piz Alv erscheint ein Rest mariner Sedimente, der nach Süden in die Val d'Arlas verfolgt werden kann, nach Norden in die Val dal Fain zieht und dort das Seenplateau der Fuorcla Pischa bildet. Im nördlichen Steilhang der Val Languard findet man noch Spuren davon, z. B. beim Aufstieg von der Alp zum Piz Languard ein Stück weissen Dolomit (Trias, etwa 200 Mio Jahre), der auf der Grenze des roten Granits des Bernina und dem Gneis der Crasta Languard liegt. Das ist ein Rest der marinen Sedimente, die einst auf den Gesteinen des Bernina abgelagert worden sind. Das meiste dieser Sedimenthaut verschwand, als die Gneise des Piz Languard während der Bildung der Alpen darüber hinweggeschoben wurden und auf diese Weise alte paläozoische Gesteine auf jüngere mesozoische zu liegen kamen.

Flora und Fauna

Die Gegend von Pontresina erzählt uns also von Vorgängen, die lange vor und dann wieder während der Entstehung der Alpen erfolgten. Wir können diese Vorgänge nur rekonstruieren, nicht sehen, weil sie einerseits im Verborgenen, andererseits unvorstellbar langsam ablaufen. Was sich hingegen vor unsern Augen abspielt, ist die Zerstörung des langsam aus der Tiefe aufsteigenden Gebirges durch Wasser und Eis. Dafür liefert die Gegend um Pontresina mit ihren herrlichen Gletschern und Flüssen, mit ihren Moränen, Rundhöckern, Tälern und Schluchten eine Fülle von Beispielen. Aber auch hier vollzieht sich alles so langsam, dass ein Menschenleben nicht ausreicht, um die Veränderungen der Landschaft zu erfassen.

Das Gesamtgebiet der Gemeinde Pontresina umfasst 11 842 ha. Davon sind etwa zwei Drittel unproduktiv (Felsen, Gletscher, Strassen, Dörfer) und nur 4280 ha produktiv, die den Lebensraum von Flora und Fauna bilden. Wir haben es hier mit einer äusserst vielfältigen, ans Wunderbare grenzenden Naturoffenbarung zu tun, für deren Zusammensetzung das Phänomen der Eiszeiten von entscheidender Bedeutung war. Wir unterscheiden vier Eiszeiten, die rund 600 000 Jahre dauerten. Sie waren von Zwischeneiszeiten, in denen das Klima oft milder war als heute, unterbrochen. Die Eismassen des Berninagletschers überdeckten das Tal und erreichten eine Höhe von etwa 2800 m ü. M. Nur die höchsten Gipfel überragten sie, so dass die wärmeliebenden Tiere und Pflanzen ausgerottet oder in mildere Gebiete verdrängt wurden. Für den heutigen Bestand von Flora und Fauna massgebend ist die Zeit nach der letzten Vergletscherung, also die letzten 8000 Jahre – eine kurze Zeitspanne, wenn man bedenkt, wie

reich das Oberengadin besiedelt ist. Pflanzen und Tiere, von den kleinsten Insekten bis zu den Wölfen und Bären, wanderten aus südlichen, milderen Gefilden wieder ins Tal ein, fassten Fuss und bildeten ihre Lebensgemeinschaften. Dazu mussten bestimmte Voraussetzungen erfüllt sein.

Das Oberengadin, obwohl ein hochalpines Tal, bot besonders gegen Süden (Maloja, aber auch Bernina) den Lebewesen, die ausserhalb der glazialen Zone die Eiszeit überdauert hatten, verhältnismässig günstige «Einreisebedingungen». Dass sie sich hier auch zu halten vermochten, ist unter anderem auf das günstige Klima zurückzuführen. Eher trocken (80-90 cm Niederschlagsmenge pro Jahr), nebelfrei, intensive Sonnenbestrahlung, gegen Süden (Maloja 1812 m ü. M.) eher offen, dafür vor allzurauhen Nordwinden geschützt. Die Waldgrenze klettert im Oberengadin bis auf 2250 m hinauf und lag vermutlich früher noch höher. Arvenzapfen und vermoderte Baumstämme, die man im Lej Nair gefunden hat, sprechen von einem ehemals bewaldeten Passübergang. Hat der Mensch diese Wälder gerodet, um Weideland zu gewinnen, oder brauchte man das Holz für die Verhüttung des Silbers, das in den Bergwerken gewonnen wurde?

Noch vor kaum 200 Jahren, als die Einfuhr von Getreide erschwert oder gar verboten war, pflanzte man in Pontresina Roggen und Gerste. Heute reift höchstens die Gerste, und auch sie nicht mehr gut. Hat sich das Klima wieder verschlechtert? Der Rückgang der Gletscher während der letzten 50 Jahre lässt eher das Gegenteil vermuten.

Die geologische Struktur spielt besonders für die Mannigfaltigkeit der Flora eine wichtige Rolle. Man unterscheidet grundsätzlich Kalk- und Urgesteinsflora. Das Pontresiner Gebiet weist beides auf (siehe das Kapitel

«Geologisches»). Vor allem am Piz Alv, wo Grundgestein und marine Sedimente aneinandergrenzen und ineinandergreifen, ist die Flora besonders mannigfaltig. Die Val dal Fain ist ein Dorado für den Botaniker wie für den aufmerksamen Spaziergänger. Im Talboden finden wir Wiesen (Val dal Fain=Heutal), die noch vor wenigen Jahrzehnten gemäht wurden, an den unbewaldeten Hängen Weideland. Hier gedeihen Edelweiss und Alpenrose, Wacholder und Bärentraube, Männertreu und Türkenlilie, die Glockenblume vom Mont Cenis, Primeln und allerlei polsterbildende Blumen, um nur einige zu nennen.

Der Waldbestand im Engadin setzt sich vor allem aus Lärchen (46 %) und Arven (45 %) zusammen. An steilen Hängen der höheren Regionen halten sich die Alpenerle und die schmiegsame Legföhre. Die Rottanne kommt selten vor. Die Weisstannen und Laubbäume, am häufigsten den Vogelbeerbaum, trifft man etwa in Gärten oder Parkanlagen an.

Neben den unschein- und unzählbaren Insektenarten, die aber zu einer sinnvollen Lebensgemeinschaft so gut wie höhere Wesen das ihre beitragen, neben den kleineren Nagern und Kriechtieren, nennen wir eine Anzahl Wildtiere, die als Zierde der Gegend gelten dürfen. Gemse, Fuchs und Schneehase bevölkern die Alpentäler seit eh und je.

Der Steinbock, unser Wappentier, war im 16. Jahrhundert ausgerottet worden. Bei seiner Wiederansiedlung im Jahre 1922 erwies sich das Gebiet um den Albris als besonders günstig. In kurzer Zeit entwickelte sich hier eine ansehnliche Steinwildkolonie, die 1950 auf etwa 500 Stück angewachsen war. Schäden an den Aufforstungen am Piz Albris verlangten jedoch eine Regulierung des Bestandes. Man beschloss zunächst, die Tiere einzufangen und sie zu versetzen. In den Jahren 1953–1978 wurden so um 2000 Tiere anderswo ange-

siedelt. Dadurch konnten mehrere Kolonien im Alpenraum mit Steinwild aus Pontresina gegründet werden. Erst im Jahr 1977 ging man zum Hegeabschuss über, d. h. es wurden 80 Tiere jeden Alters und beiderlei Geschlechts nach ihrem natürlichen Vorkommen erlegt. Die Kolonie zählt heute noch etwa 1200 Stück Steinwild.

Auch Reh und Hirsch waren am Anfang unseres Jahrhunderts aus dem Oberengadin verschwunden. Sie haben sich von selber wieder eingebürgert. Mannigfaltig sind die Vögel, die unsere Felder und Wälder bevölkern. Auch der Adler kreist zwischen Roseg- und Berninatal. Wie lange noch? Von den Menschen ausgerottet wurden in den letzten Jahrhunderten der Bär, der Wolf, der Luchs und der Fischotter.

Dass infolge der menschlichen Zivilisation auch das Landschaftsbild merklich verändert wurde, ist unvermeidlich. Unten im Tal wurde gerodet, um Kulturboden, in den höheren Lagen, um Weideland für die Viehsömmerung zu gewinnen. Aber die gerodeten Flächen haben im Sommer und Winter ihr eigenes Gepräge. Wie schön sind doch die schneebedeckten, in der Sonne glitzernden Hänge, und wie leuchten in der zweiten Junihälfte die vom Schlangenknöterich rötlich-violett schimmernden Wiesen! Zu dieser Zeit ist das Engadin am schönsten, und das romanische Sprichwort bewahrheitet sich: Scha l'Engiadina voust vair bella, vè üna vouta l'an e que intuorn San Gian (24. Juni). «Willst du das Engadin schön sehen, komm einmal jährlich, und zwar um San Gian». Da überborden Wald und Wiesen im Zauber der Farben, die intensiver und leuchtender sind als im Tiefland.

Naturschutzgebiete

Der Mensch, das widersprüchliche Wesen, ist imstande, dem persönlichen Vorteil zuliebe ohne Bedenken Kulturwerte zu zerstören; er ist aber auch bereit, erhaltend und bewahrend einzugreifen, wenn er durch Vernunft oder Eingebung zur nötigen Einsicht kommt und noch rechtzeitig dazu kommt!

Als sich der moderne Tourismus mit unerwarteter Vehemenz über unsere Bergtäler zu ergiessen begann, rücksichtslos, sinnlos, die schönsten Bergblumen in rauhen Mengen pflückend, wurde Pontresina verhältnismässig früh auf die Gefahr aufmerksam gemacht, dass sie ausgerottet werden könnten.

Nach R. Hegetschweiler, Zürich, dem ehemaligen Leiter der botanischen Exkursionen (1956–59), handelte es sich besonders um folgende gefährdete Pflanzen:

Trichterlilie – Paradisea Liliastrum

Türkenbund – Lilium martagon

Feuerlilie – Lilium croceum

Alpenakelei – Aquilegia alpina

Alpenrebe – Clematis alpina.

Es muss lobend erwähnt werden, dass Pontresina sofort nach dem Zweiten Weltkrieg zunächst die Val dal Fain, deren Pflanzenwuchs, durch Bodenstruktur und klimatische Verhältnisse begünstigt, besonders vielfaltig ist, als *Pflanzenreservat* erklärte, das später auf den oberen Teil des Languardtales, auf Piz Alv und Val Minor ausgedehnt werden konnte.

Auch eine Anzahl *Wildschutzgebiete* liegt innerhalb der Gemeindegrenzen Pontresinas: *Eidgenössischer Bannbezirk Bernina* (Fcla. Boval-Pontresina-rechte Talseite Val Roseg)
Eidgenössisches Wildasyl Albris
Hochjagdasyl Stazerwald (ausgenommen Hirsche)
Hasen- und Murmeltierasyl Diavolezza
Murmeltierasyle Languard, Val dal Fain und Lagalb

Die Val Roseg ist einer besonderen Würdigung wert: Frei von Skiliften und Bergbahnen, vom Benzingestank und Motorenlärm ist das Tal dem Wanderer im Sommer und Winter zum wahren Erholungsgebiet geworden. Im Winter findet der Langläufer eine herrlich angelegte Loipe, die längs der Ova da Roseg bis zum Hotel und zum Gletscher führt, im Sommer sind es bequem angelegte Spazierwege, die den wilden, für Kraftwerke ungenützten Bergbach begleitend, durch erfrischende Arvenwälder, über Schuttkegel und durch Erlengestrüpp und weiter hinauf nach Fuorcla Surlej, nach Coaz und nach Tschierva führen, alle drei Basishütten für den Hochtouristen, der den Firnenkranz hinter dem Vadret da Roseg zu besteigen gedenkt: Piz Corvatsch, Sella Gruppe, Piz Glüschaint, Chapütschin, Piz Roseg, Piz Bernina.

Der Vadret da Roseg ist mit seinen 8,72 km^2 Fläche und 5,2 km Länge bedeutend kleiner als sein Bruder hinter Morteratsch und – wie die meisten Gletscher im Alpenraum – im Rückzug begriffen, seit 1934 um 1 km. Dies ist bedenklich und veranlasste Heinz Kerle den Schluss zu ziehen, dass bei längerer Dauer der gleichen Verhältnisse in 185 Jahren keine Gletscher mehr im Kanton Graubünden bestehen würden.

Auf dem Fahrweg in die Val Roseg kursieren sommers und winters die von Privaten betriebenen Kutschen – bzw. Schlittenomnibusse, das letzte vom Eidgenössischen Amt für Verkehr konzessionierte Unternehmen die-

16 Die beliebten Waldkonzerte finden im Sommer bei schönem Wetter täglich im Taiswald, am Eingang der Val Roseg, statt.

ser Art. Die Omnibusse geben dem Tal einen besonders romantischen Anstrich und dem müden Wanderer Gelegenheit, auf dem Hin- oder Rückweg gefahren zu werden. Die Val Roseg wurde schon 1963 ins Inventar der zu erhaltenden Landschaften von nationaler Bedeutung aufgenommen. Pontresina und Samedan erklärten sie zunächst für die Dauer von zehn Jahren als Ruhezone. Am 31. März 1976 hiess die Bündner Regierung ein Gesetz der beiden Partnergemeinden gut und setzte es in Kraft, ein Gesetz, das die Val Roseg als Landschaftsschutzzone bezeichnete. Das Gesetz ist unbefristet und verfügt unter anderem: «Es ist insbesondere verboten, bauliche Anlagen aller Art, wie Hochbauten, Skilifte, Luftseilbahnen, neue Freileitungen und dergleichen zu erstellen, zu campieren, resp. Campingplätze anzulegen, Steinbrüche, Kiesgewinnungsanlagen und dergleichen zu eröffnen und das Wasser zu nutzen. Das gesamte Gebiet wird als Pflanzen- und Pilzschutzzone bezeichnet. Vom Pflückverbot ausgenommen ist die rote Alpenrose. Der motorisierte Verkehr ist verboten.»

Solche Vorkehrungen, noch rechtzeitig getroffen, bevor das Tal verschandelt wurde, gereichen den beiden Gemeinden zur Ehre.

Chalandamarz

Chalandamarz, chalandavrigl, laschè las vachas our d'uigl . . . (Anfangs März, anfangs April, lasst die Kühe aus dem Stall). So singen die Pontresiner Schulknaben am ersten März und ziehen von Strasse zu Strasse, von Haus zu Haus, eine ebenso bunte wie fröhliche Schar! Chalanda . . . chalenda Calonda als Bezeichnung für den Ersten des Monats hat sich in Romanisch-Bünden bis auf den heutigen Tag erhalten. Chalandamarz ist zum eigentlichen Dorffest für die Schuljugend des Engadins und Mittelbündens geworden. In den meisten Engadiner Dörfern, so auch in Pontresina, ist es trotz Frauenemanzipation ein Bubenfest geblieben. Sie, die Buben, belegen schon Monate vorher die grössten Plumpas (Kuhschellen) bei den Bauern. Wer die grösste Plumpa hat, darf vorne marschieren. Manchmal sind es kleine Knirpse, die unter dem Gewicht ihrer Plumpa fast zusammenbrechen. Was tut's? Es ist eben Chalandamarz. Sie, die Buben, wissen, wer im Dorf die schönsten Papierblumen anfertigt und bestellen dort ihren symbolischen Frühlingsputz.

Die Ämterverteilung, die sozusagen rituell vorgenommen wird, ist längst geschehen. Der älteste Knabe versieht das Amt des Fuhrmanns und ist auch als solcher verkleidet, zweifellos die angenehmste Aufgabe. Mit knallender Peitsche leitet er die Pferde, die den mit der «Fressalientrucke» versehenen Schlitten ziehen, und wenn ihm das Schneestampfen verleidet ist, sitzt er auf. In Frack und Zylinder, den Dirigentenstab schwingend, stolziert der Zweitälteste einher. Er ist Lehrer und Dirigent zugleich, auch wenn er unmusikalisch ist und den Takt zu den Liedern falsch schlägt. Es folgen vier Sennen, die auch das Kassiereramt versehen, dann acht Pferde, mit echtem Pferdegeröll umhängt, denen das ehrenvolle Amt zugemessen ist, den Schlitten zu ziehen.

Dem stolzen Gespann folgt die Schar der Kleineren. Sie alle tragen rote oder blaue Hirtenblusen, schwingen stolz ihre mächtigen Plumpas, je lauter je lieber. Ihre Augen leuchten und blicken respektvoll zu den Chargierten auf: «Nächstes Jahr bin ich auch . . . Hirte . . . Senn . . . oder sogar Lehrer». Sie werden von den gestrengen Hirten mit ihren Riesenstöcken umringt. Wahrlich, eine bunte, fröhliche Schar. Und jetzt stellt man sich zum Singen auf! Die Glockenschwengel werden mit der Hand festgehalten, die Lieder tönen nicht immer schön, aber sicher laut und wehe einer «Kuh», wenn sie während des Singens zerstreut umherschaut. sie wird sofort durch einen sanften Stockschlag eines Hirten an ihre Pflicht gemahnt.

Dem Gesang folgt unmittelbar das Geschelle der mächtigen Plumpas, die Kassiere werden munter, ziehen von Haus zu Haus, und die Leute, Einheimische und Fremde, eingedenk des letzten Verses im Chalandamarzlied: E scha nu dais ünguotta, schi'l luf as sbluotta (und gebt ihr uns nichts, soll euch der Wolf fressen), haben gewöhnlich eine offene Hand und lassen Münzen und Papier durch die Kassenschlitze gleiten.

Es sind Frühlingslieder, die gesungen werden, vor allem die eigens für das kleine Fest komponierten.

Unermüdlich zieht die Bubenschar den ganzen Tag im Dorf umher. Ergebnis: Einige Hundert Franken zugunsten der Schülerkasse und viele heisere Bubenstimmen. Das hindert sie aber nicht, abends am Kinderball teilzunehmen. Und wenn die Lehrer und ihre Klassen mit allerlei Produktionen aufwarten, ist man nicht sicher, wessen Augen lichter strahlen, die der aktiven Kinder oder die der erwachsenen Zuschauer. Haben die Knaben tagsüber allein das Fest bestritten, abends paradieren die Mädchen in ihren bunten Kleidern

und stellen die These unter Beweis, dass man ohne sie doch nicht feiern kann.

Chalandamarz will mit seinen Frühlingsliedern und dem lauten Geschelle den Winter vertreiben. Er geht auf den uralten Toten- und Dämonenkult zurück. Dessen Fixierung auf den ersten März steht im Zusammenhang mit dem Jahresanfang der Römer und Franken.

Eiertröhlen

Ostern ist das Fest des Wiedererwachens der Natur, im christlichen Bereich der Auferstehung. Der weltweite Brauch, an Ostern Eier zu essen, mit der Legende des Osterhasen, ist wohl mehr als blosser Zufall, gilt doch das Ei als Symbol der Fruchtbarkeit. Die Pontresiner gingen früher noch einen Schritt weiter: Die Schulkinder zogen mit ihren Körbchen von Haus zu Haus, überall wurde ihnen freundlich aufgetan und ein farbiges Osterei geschenkt. Das Heischen und Spenden der Eier ist volkstümlich bedeutungsvoll, weil es auf eine ursprüngliche Opfergabe schliessen lässt.

Leider hat sich dieser Brauch in der Geschäftigkeit der letzten Jahrzehnte verloren. Geblieben ist aber noch das Eiertröhlen selber. Die Kleinen finden die vom Osterhasen gelegten Eier zu Hause in einem Nestchen und ziehen am Nachmittag mit ihren Körbchen an die schneefreien Hänge von «Clüx», wo sie in Zickzack ihre Eierbahnen angelegt haben. Ein Kind setzt sich mit den Eiern oben an die Bahn, ein anderes unten, wo ein Nest zum Auffangen der Eier gerüstet ist. In den vorbereiteten Erdrillen werden die Eier ins Rollen gebracht, und wenn sie unten heil ankommen, bedeutet es Glück.

Schlitteda

Die Schlitteda (Schlittenfahrt) ist ein Brauch, der ebenfalls ausgestorben war und wieder auferstanden ist. Möge sie weiterleben, blühen und gedeihen! Sie findet in der Regel am zweiten Sonntag im Januar statt. Die dazu nötigen Voraussetzungen, wie Pferde, Schlitten und vor allem ein Schlittenweg, was nicht mehr selbstverständlich ist, sind noch vorhanden. Und das ganze Dorf macht mit, Ledige und Verheiratete. Die Jungen benützen womöglich die alten «Schlitteda-Schlitten» mit den oft barock geschnitzten oder geformten Brüstungen, die mit einem gepolsterten Balken verbunden sind. Anmutig, wie im Damensattel, sitzt das in die rotschimmernde Engadinertracht gekleidete Mädchen darauf. Hinter der zweiten Brüstung sitzt oder steht der Kavalier als Fuhrmann. Sie sind vor Wind und Kälte ungeschützt. Aber was tut's? Wo soviel Freude herrscht, ist kein Platz für Kälte. Die älteren Jahrgänge ziehen es vor, sich in pelzverbrämten Bergschlitten zu kuscheln. Mit Jubel und Peitschenknallen, dass die Pferde scheuen, besammelt sich das ganze Dorf. Hell und wirr durcheinander klingen die Pferdegeröle, prunkvoll farbig prangt der Federbusch auf ihren Köpfen, glänzen die Papierblumen am Geschirr. Wer je dieses Bild gesehen hat, findet die Behauptung bestätigt, dass die alten Engadiner farbenfreudig waren.

Früher, als die Verbindungsstrassen zwischen den Dörfern für Schlitten fahrbar waren, besuchten sich die Jungmannschaften der Nachbargemeinden, um gemeinsam das Fest zu feiern. Heute wird zum Mittagessen ins Rosegtal gefahren. Bei Musik und Tanz verbringt man im Hotel den Nachmittag und kehrt erst gegen Abend wieder heim. Die Mädchen laden ihre Partner ins Elternhaus zum Nachtessen ein, oder man trifft sich paarweise im Speiserestaurant. Und dann – das darf im Engadinerdorf nie fehlen – folgt der Ball. Die Schlitteda gehört heute noch zu den Höhepunkten des winterlichen Lebens im Engadin und war es vermutlich noch ausgeprägter zu einer Zeit, da man das Skifahren noch nicht kannte und der Mensch an die Strasse gebunden war.

Literaturhinweise

Aeberhard, Werner E.: Gian Marchet Colani

Bamert/Emmenegger: Schweizer Kunstführer, Santa Maria Pontresina

Caduff, Gian: Gian Marchet Colani, der König der Bernina, Bündner Jahrbuch 1960

Catrina, Werner: Zum Bau der Rhätischen Bahn, Zürich 1972

Chiampell: Raetiae alpestris topographica descriptio, in der romanischen Übersetzung von Bazzell Men/Guadenz Men, Annalas der SRR

Dicziunari Rumantsch Grischun, SRR, Cuoira

Fehr, Hs. J.: Die Freiheitsbewegung im Oberengadin, BMB 1974, 3/4

Gensler, A.: Hundert Jahre Firnschwund, Beispiel Berninagruppe, Chur 1953

Glasser, Otto: Röntgen, C. W.

Golay, Charles: 100 Jahre Bergführerverein Pontresina, Samedan 1971

Könz, J. U.: Das Engadiner Haus, Schweizer Heimatbücher, Bern 1978

Lechner, Ernst: Das Oberengadin, Leipzig 1900

Ludwig, J. M.: Pontresina und seine Umgebung, Chur 1881

Machatschek, Fritz: Die Alpen

Mörikofer, Walter: Das Klima des Unterengadins im Vergleich zu demjenigen des Oberengadins, JNGG Band XCIII, 1967/68

Nadig, Adolf: Zur Zoogeographie des Nationalparkes und Engadins, Terra Grischuna, Juni 1976

Pieth, Friedrich: Bündnergeschichte, Chur 1945

Planta, Maria, de: L's Artichels et Asantamaints da nossa Vschianunchia da Puntrasina, Chur 1934

Pontresina, Gemeindearchiv, verschiedene Akten

Pontresina, Kur- und Verkehrsverein, Rund um Pontresina, Samedan 1953

Pontresina, Kirchenbücher, Gemeindearchiv Pontresina

Pontresina, Erklärung der Berg- und Talnamen, Kurverein

Poeschel, Erwin: Burgenbuch, Zürich 1929
— Kunstdenkmäler des Kantons Graubünden, Band III und Nachtrag in Band VII, Basel 1940

Rauch, Andrea: Der Steinbock wieder in den Alpen, Zürich 1937

Rauch Men: Homens prominents d'Engadin' ota e Bravuogn

Schorta, Andrea: Aschantamaints in adoever dell'honorata vschinaunchia da Pontresina, Rechtsquellen des Kantons Graubünden
— Rätisches Namenbuch II, Bern 1964

Schwarzenbach, Annemarie: Beiträge zur Geschichte des Oberengadins im Mittelalter

Sererhard, Nic.: Einfalte Delineation, 1742

Sprecher, J. A.: Geschichte der Republik der Drei Bünde im 18. Jahrhundert

Tgetgel, Heinrich: Pontresina, Schweizer Heimatbücher, Bern 1953

Tognina, Riccardo: Der Berninapass im Wandel der Zeiten, in: Festschrift 600 Jahre Gotteshausbund

Wanner, Gustav Adolf: Aus der Geschichte der Familie «Stupanus», Basler Nachrichten 27. 12. 1975

Vogelschau-Zentralperspektive
Blick gegen Süden

P. Palü 3905
Bellavista 3893
P. Zuppo 3995.7
P. Argient 3945
Crast'Agüzza 3865
P. Sella 3511
P. Glüschaint 3593.7

P. Cambrena 3603

P. Caral.

Sassalmason 3031.7

Fdla di Caral
P. d'Arlas 3357.5

Rifugi dals Chamuotschs
Isla Persa

Vadret Pers

Vadret da Morteratsch

Vad. di Scerscen
F. Crast'Agüzza
P. Scerscen 3971
P. Bernina 4049.1

P. Roseg 3937
Il Capütschin 3386
P. Corvatsch 3451.1

P. Aguagliouls 3116
Aguagliouls
Vadret da Roseg

P. Muretl

Lago Bianco

Lej Nair
Lej Pitschen
Chd de Diavolezza
Munt Pers 3207
Diavolezza

P. Lagalb 2296

Alps da Buond

Lej Pers

Val d'Arlas

P. Morteratsch 3751.5
Chd da Tschierva
P. Tschierva 3545.9
P. Boval 3353
Chd da Boval CAS

P. Misaun 3248.6

Val Minor

Hst. Bernina-Diavolezza

P. Alv 2974.8
P. Minor
Alp Bernina
Bernina Suot
Morteratsch Staz.

P. Mandra
Alp Surovel
Muot da Costa

Fuorcla Surlej 2755
Munt Arlas

P. Chalchagn 3154.0

Val Roseg

A. Sequonda
A. Prüma

P. Surlej 3188.4
P. S. Gian 3134
P. Rosatsch 3123

P. Albris 3165.8
Paun da Zücher

P. Pischa
Fdla Pischa
Fdla Prüna
Vadret Albris
L. da la Pischa

Lej Languard

Muottas da Puntraschigna
Acla Colani

P. Mezdi
P. da Staz

Val dal Fain

P. Sagliaint 2945
P. Prüna 3158
Piz Languard 3261.9

Val Languard

A. Languard

Giarsun Cadlini
S. Spiert

Muottas da Schlarigna

Pontresina/Puntraschigna

God da Staz
da S. Murezzan
St. Moritz
(S. Murezzan)

Val Prünella
Val Prüna

P. Clüx
P. Muragl 3157
Las Sours
Laret

Lej da Staz

Celerina/
Schlarigna

Val Chamuera

P. Vadret 3199.3
Lej Muragl

Munt da la Bês-cha
Muragls
Punt Muragl

Strasse
Bahn, Standseilbahn
Seilbahn

Val Champagna
Val Muragl

Muottas Muragl 2453

P. Uter

Champagna

Piz

Samedan

Pontresina

Gr. 63

2 km
2 km
2 km

17 Haus Aebli, Ecke Via Maistra/San Spiert. In den Kellerräumen dieses Hauses fand 1941 Architekt Otto Kober die Überreste der im Jahre 1485 erbauten Kapelle «San Spiert».

PUNTSCHELLA

18 Haus Puntschella liegt in der Nähe der Brücke (punt) Pontresina/Surovas. Weitausgebuchtetes, handgeschmiedetes Fenstergitter, worin die rotschimmernden Engadinernelken nie fehlen dürfen.

19 Haus Campell an der Via Maistra im Dorfteil Laret gelegen. Das mit Sgraffiti reichgeschmückte Haus gehört zu den geräumigsten Engadinerhäusern überhaupt.

20 Einfach und vornehm ist dieses im Kronenstübli des
Hotels Kronenhof eingebaute Buffet. Das mit einer Stütze
versehene Mittelstück dient heruntergelassen als Schreib-
tisch. Das Wappen ist möglicherweise das Zeichen des
Geschlechts der «Manzinoja».

21 Diese gotische Stollentruhe aus dem Jahre 1491 im Besitz von Dr. Rudolf Campell, ist ein sehr seltenes Stück. Der gut stilisierte Steinbock beweist, dass das Tier damals im Engadin noch heimisch war. Es wurde später ausgerottet und 1922 wieder eingeführt.

22 Gian Marchet Colani, von J. C. Heer als «König der Bernina» bezeichnet, war der «Meisterjäger» des Engadins. Er soll 2 700 Gemsen, 2 Wölfe, 3 Bären und einige Hirsche erlegt haben. Das von La Punt stammende Geschlecht der «Colani» ist seit 1932 erloschen.

23 Mrs. Elisabeth Main und Bergführer Christian Schnitzler. Mrs. Main führte mit Martin Schocher und Christian
Schnitzler im Februar 1896 die ersten Winterbesteigungen
der Crast'Agüzza und des Piz Zuppo aus. Am 20. Februar
1891 bestieg sie mit Martin Schocher als erste den Mittel-
gipfel des Piz Palü im Winter.

24 Diese krause lateinische Inschrift am Hause Aebli
bedeutet, sofern sie zu entziffern ist, sinngemäss: (1) 485 ich
(ego) Presbyter Johannes von Pontresina erbaute (feci) zu
Ehren des Heiligen Geistes...Dass die Kirche dem «San
Spiert» (Heiliger Geist) gewidmet ist, deutet auf eine Spital-
kapelle hin, der Name Johannes auf den Erbauer «Johannes
Maurizius Tempesta».

25   Bernina Suot um 1850 mit Piz Alv und Piz Lagalb. Die Siedlung war schon im 15. Jahrhundert ganzjährig bewohnt und vermutlich grösser als heute, mit Säge, Mühle Kapelle mit Hospitium versehen.

26 Stich von Pontresina um 1860. Der Kirchturm von
San Niculò, der 1887 nach hinten versetzt wurde, steht noch
vorne an der Via Maistra.

27 Hoch auf dem gelben Wagen (Schlitten)...wurden bis
1911 regelmässig Postgüter und Reisende von Pontresina
ins Puschlav befördert. Altes Postgebäude, heute Hotel
Post.

28 Der Steinbock, der König der Berge, ist nicht ver-
gebens zu unserem Wappentier geworden. Im 18. Jahrhundert ausgerottet, wurde er 1922 am Piz Albris wieder eingeführt. Er fühlt sich heimisch in seiner alten Heimat.

29 Murmel-Zwillinge! Dieses niedliche Alpentier, das mit
seinem schrillen Pfeifen die Aufmerksamkeit des Wanderers
auf sich zieht, das immer stolz das Männchen macht, bevor
es in seinem schützenden Loch verschwindet.

30 Val Roseg mit Sella-Gruppe.

31 Eingelagert in die glazialen Rundhöcker des Passo del Bernina, finden sich eine Reihe kleiner Seen und Tümpel mit prächtigen Verlandungen von Eriophorum Scheuchzeri, dem einköpfigen Wollgras. Die Berge im Hintergrund sind Sassalmason 3031 m und Piz Caral 3176 m, dazwischen liegt die Forcola di Caral.

32 Chalandamarz, ein uralter Brauch. Am 1. März ziehen
die Schulknaben mit Glocken und Schellen durch das Dorf,
vertreiben den Winter und sammeln Gaben für ihre
Reisekasse.